Gender Mainstreaming und Organisationsentwicklung

Studien und Berichte

Gender Mainstreaming und Organisationsentwicklung

Meilensteine und Stolpersteine. Tipps für AnwenderInnen.

Mag.ª Doris Löffler, MBA.

Die Texte in diesem Buch sind von der Autorin und vom Verlag sorgfältig erwogen und geprüft, dennoch kann eine Garantie nicht übernommen werden. Eine Haftung der Autorin bzw. des Verlages und seiner Beauftragten für Personen-, Sach- und Vermögensschäden ist ausgeschlossen.

Verlag des Österreichischen Gewerkschaftsbundes GmbH
Johann-Böhm-Platz 1
1020 Wien
Tel. Nr.: 01/662 32 96-0
Fax Nr.: 01/662 32 96-39793
E-Mail: office@oegbverlag.at
Web: www.oegbverlag.at

Umschlaggestaltung: Kurt Schmidt

Medieninhaber: Verlag des Österreichischen Gewerkschaftsbundes GmbH, Wien
© 2012 by Verlag des Österreichischen Gewerkschaftsbundes GmbH, Wien
Hersteller: Verlag des Österreichischen Gewerkschaftsbundes GmbH, Wien
Verlags- und Herstellungsort: Wien
Printed in Austria
ISBN 978-3-7035-1532-3

Inhaltsverzeichnis

Abbildungs- und Tabellenverzeichnis 8
Vorwort 9

1. Einleitung 11
2. Gender Mainstreaming 13
   2.1 Geschichte und politische Entwicklung 13
   2.2 Wissenschaftlicher Hintergrund 15
   2.3 Organisationstheorien und Gender Mainstreaming 17
3. Gender Mainstreaming und Organisationsentwicklung 20
   3.1 Implementierung von Gender-Mainstreaming-Prozessen 20
   3.2 Prozessgestaltung 22
   3.3 Analysemethoden 26
   3.4 Zielformulierungen 28
   3.5 Evaluierung und Erfolgskontrolle 30
   3.6 Gender Mainstreaming als Teil eines Organisationsentwicklungsprozesses 32
4. Beispiele erfolgreicher Implementierung von Gender-Mainstreaming- und Gleichstellungs-Prozessen 34
   4.1 Die Implementierung von Gleichstellung in das Arbeitsmarktservice Österreich 38
      4.1.1 Der Implementierungsprozess 39
      4.1.2 Die Gleichstellungsziele 41
      4.1.3 Maßnahmen zur Umsetzung 43
      4.1.4 Veränderungsschritte und deren Auswirkungen 53
      4.1.5 Auswirkung und deren Nutzen 61
      4.1.6 Prozess- und Ergebnissicherung 62

  4.1.7 Förderliche und hemmende Kriterien
    bei der Umsetzung 65
  4.1.8 Ausblick – Was ist noch offen? 68
  4.1.9 Conclusio 69
 4.2 Die Implementierung von Gender Mainstreaming
  in ver.di 71
  4.2.1 Der Implementierungsprozess 72
  4.2.2 Die Ziele und deren Umsetzung 74
  4.2.3 Veränderungsschritte und deren
    Auswirkungen 78
  4.2.4 Auswirkungen und deren Nutzen 83
  4.2.5 Prozess- und Ergebnissicherung 84
  4.2.6 Förderliche und hemmende Kriterien
    bei der Umsetzung 84
  4.2.7 Ausblick – Was ist noch offen? 87
  4.2.8 Conclusio 87
 4.3 Die Implementierung von Gender Mainstreaming
  in die Oberösterreichische Gebietskrankenkasse . 89
  4.3.1 Der Implementierungsprozess 91
  4.3.2 Die Ziele und deren Umsetzung 95
  4.3.3 Veränderungsschritte und deren
    Auswirkungen 98
  4.3.4 Auswirkungen und deren Nutzen 100
  4.3.5 Prozess- und Ergebnissicherung 101
  4.3.6 Förderliche und hemmende Kriterien
    bei der Umsetzung 101
  4.3.7 Ausblick – Was ist noch offen? 103
  4.3.8 Conclusio 104
5. Handlungsleitfaden 106
 5.1 Interne organisationale Umbrüche nutzen 106
 5.2 Verantwortung der Führung 106
 5.3 Verankerung auf allen Ebenen 108
 5.4 Ressourcen und Unterstützungssysteme 110
 5.5 Präzise IST-Analysen und quantifizierbare Zielvereinbarungen 111

5.6 Controlling und Ergebnissicherung 112
5.7 Kommunikation der Monitoringergebnisse 112
5.8 Personalmanagement und Personalentwicklung .. 113

Literaturverzeichnis 115

Anhang A: Interviewleitfaden 118

Abbildungs- und Tabellenverzeichnis

Abbildung 1: Systemisches Dreieck 22
Abbildung 2: GeM-Spirale 23
Abbildung 3: 6-Schritte-Methode 25
Abbildung 4: Projekt „Chancengleichheit" der OÖGKK .. 93

Tabelle 1: AMS – Strategien und Maßnahmen des Gleichstellungs- und Frauenförderplans 2008–2013 .. 46
Tabelle 2: AMS – Strategien und Maßnahmen zur Vereinbarkeit von Beruf und Familie und zu Work-Life-Balance 48
Tabelle 3: AMS – Chancengleichheit und Gleichstellungsförderung in der Aus- und Weiterbildung 50
Tabelle 4: AMS – Strategien und Maßnahmen für gleiche berufliche Entwicklungsmöglichkeiten für Frauen und Männer 53
Tabelle 5: AMS – Maßnahmen und Auswirkungen von Gender Mainstreaming 58
Tabelle 6: AMS – Männer und Teilzeit 63
Tabelle 7: AMS – Teilhabe an Verantwortung 64
Tabelle 8: AMS – Frauen in Kommissionen 64

Vorwort

Internationalisierung, Strukturwandel, Spezifizierung der Märkte, Individualisierung der Kundenbedürfnisse, Wirtschaftskrise, ... Unternehmen müssen heute rascher und flexibler denn je auf äußere Einflussfaktoren reagieren und Neuausrichtungen meistern. Die Planung wird immer komplexer und die Reaktionszeit immer kürzer.

Qualifiziertes, motiviertes Personal, welches sich mit dem eigenen Unternehmen identifiziert, sowie Werte wie Kreativität, Eigenverantwortung und Loyalität werden immer mehr zum Wettbewerbsvorteil.

Auf Grund der demographischen Entwicklung wird das Potential an Personen im erwerbsfähigen Alter in vielen europäischen Ländern und vor allem auch in Österreich in Zukunft knapper werden. Da qualifiziertes Personal auch schwieriger zu importieren ist als geringer qualifiziertes, wird es dringend notwendig sein, Frauen – immerhin fast die Hälfte der Arbeitskräfte – angemessene und attraktive berufliche Entwicklungschancen zu bieten.

Immer wichtiger ist in diesem Zusammenhang auch eine sinnvolle Arbeits(zeit)gestaltung, welche die Vereinbarkeit von Berufs- und Privatleben für Frauen als auch für Männer erleichtert, sowie ein professioneller Umgang mit Berufsunterbrechungen. Sei es zur Weiterbildung, zur Betreuung von Kleinkindern oder zur Pflege von Angehörigen.

Viele österreichische und internationale Unternehmen als auch Organisationen bekennen sich zur Gleichstellung von Frauen und Männern und setzen auf verschiedenste kreative Maßnahmen zur Umsetzung. Sie haben längst erkannt, dass gendergerechte Arbeitsbedingungen für eine höhere MitarbeiterInnenzufriedenheit sorgen, qualitativ bessere Ergebnisse ermöglichen und der gesamten Organisation neue Chancen in ihren Produkten und in ihrem Image bieten. Gender-Mainstreaming-Prozesse in Organisationen führen zu Veränderungen in den Umgangsformen, zu neuen Teamzusammensetzungen und zu neuen Herangehensweisen.

Die Autorin hat den Gender-Mainstreaming-Implementierungsprozess sowie die spätere Zusammenführung von Gender Mainstreaming mit einem Organisationsentwicklungsprozess in der Gewerkschaft vida begleitet. Das vorliegende Buch stellt förderliche und hinderliche Aspekte bei der Implementierung und Umsetzung von Gender Mainstreaming dar und bietet anhand von Best-Practice-Beispielen einen umfassenden Handlungsleitfaden für mit der Implementierung von Gender Mainstreaming befasste Personen.

1. Einleitung

Organisationsentwicklung ist die fortlaufende, aktive Gestaltung von Prozessen und Strukturen einer Organisation mit dem Ziel, sie effizienter, effektiver und leistungsfähiger zu machen. Gleichzeitig geht es bei einer solchen oft umfassenden Reorganisation auch darum, die Beschäftigten aktiv einzubinden und eine Verbesserung der Arbeitsbedingungen zu erreichen. Gender Mainstreaming in der Organisationsentwicklung bedeutet, dabei auch das Ziel der Gleichstellung der Geschlechter zu verfolgen.

Mit der Strategie Gender Mainstreaming werden Organisationsentwicklungsprozesse insgesamt sowie deren Instrumente gleichstellungsorientiert gestaltet. Es gilt der Grundsatz einer funktionsgerechten Organisationsstruktur und Ausstattung mit der Maßgabe, dabei diskriminierende Wirkungen zu unterbinden und gleichstellungsfördernde Wirkungen zu erzielen.

Gender Mainstreaming ist aber auch selbst ein Organisationsprinzip und bedarf eines Implementierungskonzeptes. Dabei ist Gleichstellung Führungsaufgabe (top down), wird aber als Querschnittsaufgabe gleichzeitig aktiv von allen Mitarbeitenden verwirklicht (bottom up). Gleichstellung ist ein definiertes und kommuniziertes Organisationsziel mit klar geregelten Zuständigkeiten in der Steuerung, einer entsprechenden Ablauforganisation, einer Gleichstellung unterstützenden Personalentwicklung und der jeweiligen fachlichen Umsetzung in den Handlungsfeldern und Sachgebieten.

Das vorliegende Buch bietet in den ersten Kapiteln einen theoretischen Überblick zum Thema Gender Mainstreaming und Organisationsentwicklung. In Folge werden Best-Practice-Beispiele und Benchmarks zur Implementierung von Gender-Mainstreaming-Prozessen anhand einer vergleichenden Studie der Firma matkovits+geiger vorgestellt. (Untersucht wurden das Österreichische Arbeitsmarktservice, die Oberösterreichische

Gebietskrankenkasse und die deutsche Gewerkschaft ver.di.) Aus den gewonnenen Ergebnissen werden anschließend Empfehlungen abgeleitet.

2. Gender Mainstreaming

2.1 Geschichte und politische Entwicklung

Der Begriff Gender wurde schon 1985 auf der UNO-Weltfrauenkonferenz in Nairobi aktiv ins Spiel gebracht. Es ging damals darum, gezielt darauf zu achten, dass Entwicklungshilfegelder auch Frauen zugute kommen.

Auf der Weltfrauenkonferenz in Peking 1995 wurde erstmals Gender Mainstreaming als Strategie diskutiert. Ziel war es, Gender Mainstreaming in der Europäischen Union (EU) selbst zu verankern, da alle bisherigen Maßnahmen auf europäischer Ebene nicht die geplanten Gleichstellungsziele erreichten. Nun sollten die Mitgliedsstaaten dazu verpflichtet werden, zu prüfen welche Auswirkungen ihre Politik und ihre Entscheidungsprozesse in Hinblick auf Gleichstellung und Geschlechterdemokratie haben.

Im nächsten europäischen Aktionsprogramm zur Chancengleichheit von Frauen und Männern (1996–2000) wurde Gender Mainstreaming dann auch als zentraler Punkt mitaufgenommen.

Per Amsterdamer Vertrag 1996 wurde Gender Mainstreaming schließlich im Europäischen Gemeinschaftsvertrag fest verankert:

Artikel 2 des EG-Vertrages: *„Die Förderung der Gleichstellung von Männern und Frauen ist eine der Aufgaben der Europäischen Gemeinschaft."*

Artikel 3 des EG-Vertrages: *„Bei allen ihren Tätigkeiten wirkt die Gemeinschaft darauf hin, Ungleichheiten zu beseitigen und die Gleichstellung von Männern und Frauen zu fördern."*

Während bis dato Frauenförder- und Gleichstellungsprogramme rein auf freiwilliger Basis beruhten, wurde von der EU mit Gender Mainstreaming nun ein Konzept festgelegt, welches in allen Mitgliedsländern umzusetzen ist.

Ziel des Konzeptes ist es, Geschlechter- und Gleichstellungspolitik aus ihrer nachrangigen und separierten Position herauszuholen und als Querschnittsaufgabe in alle Politikbereiche in den Mainstream organisationalen Handelns zu bringen. Durch Betrachtung von Chancengleichheit als Querschnittsaufgabe sollen bestehende traditionelle, diskriminierende Geschlechterverhältnisse in Europa verändert werden.

Sämtliche politische Konzepte und Maßnahmen sollen so gestaltet werden, dass die etwaigen Auswirkungen auf Frauen und Männer bereits in der Konzeptionsphase aktiv mit berücksichtigt werden.

Mittels Strukturfonds-Verordnung und dem Europäischen Sozialfonds (ESF) wurden Geldmittel für die Förderperiode 2000–2006 an die Umsetzung von Gender-Mainstreaming-Maßnahmen gekoppelt. Während Schweden, Finnland und Deutschland Gender Mainstreaming schon früher ratifizierten, folgte Österreich am 11. 7. 2000.

In der deutschsprachigen Übersetzung hat sich folgender Text im europäischen Kontext durchgesetzt:

„Gender Mainstreaming ist die (Re)Organisation, Verbesserung, Entwicklung und Evaluierung politischer Prozesse mit dem Ziel, eine geschlechterbezogene (gleichstellungsorientierte) Sichtweise in alle politischen Konzepte, auf allen Ebenen und in allen Phasen, durch alle an politischen Entscheidungen beteiligten Akteure und Akteurinnen einzubeziehen" (Europarat 1998).

Gender Mainstreaming soll Frauenförderung nicht ersetzen, sondern in einem dualen Ansatz ergänzen und eine Voraussetzung für deren wirksamen Einsatz schaffen.[1]

„Zusammengefasst zielt Gender Mainstreaming darauf ab, Chancengleichheit als Querschnittsaufgabe zu betrachten, die bestehenden traditionellen diskriminierenden Geschlechterverhältnisse in Europa zu verändern und durch die Aufdeckung der Geschlechtsblindheit (nicht Geschlechterneutralität) politischer Praktiken die

---

[1] Vgl. Bendl 2004, S. 52ff

institutionellen Strukturen zugunsten einer erhöhten Geschlechtergerechtigkeit und Gleichstellung der Geschlechter zu verändern."[2]

2.2 Wissenschaftlicher Hintergrund

Um Diskriminierung auf Grund des Geschlechtes im privaten als auch im beruflichen Alltag verstehen und handlungsorientiert reflektieren zu können, sind Kenntnisse über die gesellschaftliche Herstellung und Reproduktion der Geschlechterverhältnisse notwendig.[3]

Ihren Ausgangspunkt hat die Genderforschung in der feministischen Frauenforschung genommen. Inzwischen ist diese jedoch ein interdisziplinäres Feld, welches sich als Querschnittsmaterie in fast allen Wissenschaften wieder findet. Zentrales Thema der Genderforschung ist das Hinterfragen der sozialen Konstruktion von Geschlecht und den Folgen daraus bzw. den Ungleichheitsverhältnissen, die sich daraus ergeben.

„Gemeinsam ist allen Theorien, dass sie die hierarchischen Macht- und Herrschaftsverhältnisse, die sich an Geschlecht als sozialem Strukturmerkmal orientieren, kritisieren und alternative Konzepte der Geschlechterordnung entwerfen."[4]

Problemaufriss

Durch die Herstellung und gesellschaftliche Reproduktion von dualistischen Begriffen (Frau/Mann) und die Zuordnung im sozialen Kontakt wird gleichzeitig das eigene Verhalten und die entsprechende Verhaltenserwartung an das Gegenüber auf diese Einordnung abgestimmt. In den meisten Kulturen fällt diese Ordnung zu Ungunsten von Frauen und anderen Personen, die vom Referenzmaß des männlichen, heterosexuellen und weißen Individuums abweichen, aus. Auf- und Abwer-

---

[2] Ebenda, S. 53
[3] Vgl. Hofmann 2004, S. 159
[4] Ebenda, S. 163

tungsmechanismen werden im Alltag zumeist nicht mehr in Frage gestellt. Erkennbar sind diese Ungleichverhältnisse in der beruflichen und privaten Arbeitsteilung, Entlohnung, Laufbahnentwicklung, politischen Partizipation oder dem Zugang zu Ressourcen.[5]

Begriffsklärung

Die Begriffe Geschlecht und Gender werden auf Grund ihrer Übersetzung von der englischen Sprache in die deutsche, trotz ihrer unterschiedlichen Bedeutung, oftmals synonym verwendet.

Die englischsprachige feministische Forschung kennt jedoch für die Kategorie Geschlecht zwei unterschiedliche Begriffe: „Sex" bezeichnet das biologische Geschlecht, „Gender" das sozial konstruierte Geschlecht, die Geschlechtsidentität, die als Frau oder Mann angenommen wird und die meist den vorherrschenden gesellschaftlichen Normen entspricht.

Die Auseinandersetzung mit Gender soll also geschlechtsspezifische Zuschreibungen und daraus resultierende soziale, kulturelle, ökonomische, rechtliche und politische Benachteiligungen sichtbar machen.[6] Es soll verhindert werden, dass Ungleichgewichte zwischen den Geschlechtern mit einer biologischen Begründung aufrechterhalten und immer wieder neu reproduziert werden. Denn soziale, politische und kulturelle Geschlechterrollen sind historisch gewachsen und somit veränderbar.

Neuere Theorieansätze gehen davon aus, dass es sich selbst beim biologischen Geschlecht um ein Konstrukt handelt und eine eindeutige, biologische Zuordnung nicht möglich ist. So existieren Menschen, die auf Grund ihres hormonellen oder chromosomalen Status oder ihrer Geschlechtsorgane nicht eindeutig einem Geschlecht zuordenbar sind.

Postmoderne Theoriediskurse lassen eine Vorstellung von einer homogenen Genus-Gruppe „Frau" bzw. „Mann" zuneh-

---

[5] Vgl. Hofmann 2004, S. 161
[6] Vgl. ebenda, S. 160

mend als unhaltbar erscheinen. Der Blick richtet sich vermehrt auf Unterschiede innerhalb der Genusgruppen Frauen und Männer und auf andere Faktoren sozialer Differenzierungen wie Ethnie oder soziale Herkunft.[7]

2.3 Organisationstheorien und Gender Mainstreaming

Der Geschlechterdiskurs in den Organisationstheorien zeichnet sich durch einen hohen Grad an Heterogenität aus, da die Einbringung der Geschlechterperspektive in den unterschiedlichsten Bereichen und Ebenen notwendig ist.[8]

Es finden sich genderbezogene, organisationstheoretische Ansätze, die sich mit der Beseitigung von Diskriminierung von Frauen bzw. mit der Frage der Frauenförderung in Organisationen und Unternehmen beschäftigen. Dies wurde unter anderem aus der Sicht des Personalmanagements notwendig, um auf einen Wandel im Bereich des Arbeitskräfteangebotes, aber auch auf gesellschaftliche Konzepte, die die Bedürfnisse der Arbeitnehmerinnen, u.a. die Vereinbarkeit von Beruf und Familie, mehr in den Mittelpunkt stellen, reagieren zu können.

Insbesondere im Rahmen von Equality-Management-Programmen wurden v.a. in größeren Unternehmungen (zum Beispiel bei den Österreichischen Bundesbahnen) Maßnahmen zur betrieblichen Gleichstellung gesetzt.

Andere Forschungsansätze gehen auch in der Organisationstheorie weiter und stellen die Geschlechtsunterscheidung selbst in Frage. Um Organisationen hinsichtlich ihrer geschlechtsspezifischen Sekretation zu analysieren, bedarf es zuerst einer Sichtbarmachung der (stereotypen) Differenzierung von Frauen und Männern. Es wird betrachtet, welche Unterstellungen und Zu-

---

[7] Vgl. Lorber 2003, S. 46
[8] Vgl. Hanappi-Egger 2004, S. 30

schreibungen an das jeweilige Geschlecht erfolgen. Um jedoch Differenzierung nicht weiter festzuschreiben, ist es wichtig, sich dieser analytischen, deskriptiven Ebenen bewusst zu sein, um in einem weiteren Schritt Handlungsanleitungen formulieren zu können, die Dichotomien aufbrechen.

Ähnlich ist die Vorgehensweise bei organisationstheoretischen Ansätzen des Diversitätsmanagements. Auch hier werden Personen zuerst Identitätsfaktoren zugeschrieben, um sie in Folge in Frage zu stellen sowie die damit im Zusammenhang stehenden Ein- und Ausschließungsmechanismen.[9]

Nutzen- und Kostenaspekte

Hanappi-Egger stellt in „Interdisziplinäres Gender- und Diversitätsmanagement" Zusammenhänge zwischen Diversitätspolitik und Leistung dar. Die erwähnten Kosten- und Nutzenaspekte lassen sich desgleichen auf Gendermanagement umlegen.

Nutzenaspekte

- Kostenreduktion: Berücksichtigung unterschiedlicher Bedürfnislagen und Lebenssituationen führt zur höherer Motivation und Bindung an die Organisation. Fluktuationsraten und Ausfallszeiten sinken.
- Personalressourcen: Ein bewusster Umgang mit Diversität, Minorität, sowie die Vermeidung von Benachteiligungen macht Unternehmen attraktiver für qualifiziertes Personal.
- Marketing: Gender- und Diversitätsmanagement führt zur Erschließung neuer KundInnengruppen und fördert positives Image (z.B. Gay Marketing).
- Kreativität und Problemlösungskompetenz: Durch eine größere Vielfalt unter den MitarbeiterInnen fließen unterschiedliche Perspektiven ins Unternehmen ein und die Qualität der Lösungen steigt. Gemischtgeschlechtliche

---

[9] Vgl. Hanappi-Egger 2004, S. 32ff

Teams verfügen über mehr Handlungs- und Problemlösungsmöglichkeiten und können Aufgabenstellungen daher besser bewältigen.
- Flexibilisierung organisationaler Zusammenhänge und bessere Wahrnehmung der Umwelt: Durch das Lernen der Organisation, mit Vielfalt konstruktiv und positiv umzugehen, erhöht sich die Flexibilität und somit auch die Reaktionsfähigkeit auf Veränderung. Rechtzeitige Reaktion verhindert Krisen.

Kostenaspekte
- ExpertInnen, die beigezogen werden
- Aus- und Weiterbildung
- Umbau- und Umgestaltungskosten (z.b. zur Barrierefreiheit)
- Neugestaltung des Vertragswesens (z.b. Bestimmungen hinsichtlich gleichgeschlechtlicher LebenspartnerInnen, Regelungen für ältere ArbeitnehmerInnen, flexible Arbeitszeitregelungen, …)
- Vermehrte Kommunikation v.a. während der Implementierungsphase
- Personalpolitik (z.B. Teilnahme an Implementierungsmaßnahmen)
- Kontroll- und Berichtswesen, Etablierung eines Feedbacksystems
- Opportunitätskosten: z.B. Arbeitszeit seitens des Topmanagements und des mittleren Managements. Erhöhte Kosten bei Neurekrutierung durch Einführung des Personals[10]

---

[10] Vgl. Hanappi-Egger 2004, S. 37ff

3. Gender Mainstreaming und Organisationsentwicklung

Gender Mainstreaming ist eine noch sehr junge Disziplin, und noch jünger ist die wissenschaftliche Auseinandersetzung damit im Feld der Organisations- und Unternehmensentwicklung.

In der Organisationsentwicklung selbst führen verschiedene Beratungsschulen und ihre jeweiligen Erkenntnistheorien und Menschenbilder zu unterschiedlichen Konzepten. Obwohl sich diese einst aus betriebswirtschaftlichem Interesse heraus entwickelt hatten, ist das Fach mittlerweile ein sehr mannigfaltiges geworden.

Wird Gender Mainstreaming als Konzept hinzugezogen, gibt es auch hier unterschiedliche wissenschaftliche Zugänge. Für eine professionelle theoretische, aber auch praktische Annäherung ist es unerlässlich, sich mit der Genderforschung auseinanderzusetzen.

Bei der praktischen Anwendung, sprich der Implementierung von Gender-Mainstreaming-Prozessen in Organisationen und Unternehmungen, wird meist auf eine Mischung von unterschiedlichen Theoriezugängen zurückgegriffen, um auf die jeweilige Situation situationsadäquat, mehrperspektivisch und integrativ eingehen zu können.

3.1 Implementierung von Gender-Mainstreaming-Prozessen

Die Implementierung von Gender Mainstreaming in Organisationen oder Betrieben führt zu tief greifenden Organisationsentwicklungsprozessen. Dabei ist Gender Mainstreaming selbst nicht das Ziel, sondern die Strategie, um Gleichstellung von Frauen und Männern zu erreichen.

Damit eine Implementierung von Gender Mainstreaming grundsätzlich überhaupt möglich wird, gilt es zuallererst die Voraussetzungen dafür zu schaffen. Gender Mainstreaming muss in die Strukturen und Abläufe einer Organisation integriert werden. Es bedarf als ersten Schritt eines Bekenntnisses der Führungsebene zur Einleitung des Prozesses und folglich damit einhergehende formale Verbindlichkeiten durch die auch sonst üblichen formalen Regelwerke (z.B. Beschlüsse, Richtlinien, Verordnungen, Erlässe, Statuten, Geschäftsordnung, ...). Gender Mainstreaming ist im Sinne eines „Top-down-Prinzips" Führungsaufgabe.

Die Entscheidungs- und Führungsebene trägt die Verantwortung für den Gesamtprozess und gibt die übergeordneten Gleichstellungsziele vor. Sie schafft die organisatorischen Voraussetzungen zur Umsetzung und in Folge die nötigen Rahmenbedingungen inkl. Ressourcen und Gender-Mainstreaming-Begleitstruktur, welche die fachliche Unterstützung bietet und den Prozess vorantreibt.[11]

Es kann sich bei der Begleitstruktur um Gender-Mainstreaming-Beauftragte handeln (meist im Team Frau und Mann) oder um eine Steuerungsgruppe, die organisatorisch nahe der Top-Führungsebene angesiedelt ist und sich aus Mitgliedern der Führungsebene, Gender-ExpertInnen sowie oftmals dem Betriebsrat zusammensetzt und die Steuerung übernimmt. Sinnvoll ist es, eine Steuerungsgruppe, die den Prozess steuert und ihm die nötige Verbindlichkeit gibt, und gleichzeitig Gender-Mainstreaming-Beauftragte, die einerseits das fachliche Knowhow in die Organisation oder das Unternehmen einbringen und andererseits den Prozess vorantreiben, einzusetzen.

In Folge ist es wichtig, die Ergebnisse zu evaluieren und zu sichern, sowie die Ernsthaftigkeit des Engagements laufend zu kommunizieren (z.B. in Gremien, Besprechungen, MitarbeiterInnengesprächen, bei Veranstaltungen, ...).

---

[11] Vgl. Bergmann, Pimminger 2004, S. 35

Gender Mainstreaming fließt somit auf der Strategie- und Strukturebene ein (siehe das systemische Dreieck), während die Kulturebene nachgereiht angesiedelt ist und unter bestimmten Voraussetzungen folgen kann.

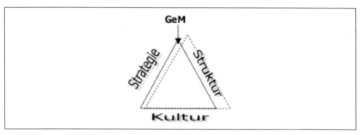

Abbildung 1: Systemisches Dreieck. Quelle: Kirschner, Pschaid 2005, S. 24.

Hier zeichnet sich ein Unterschied zu früheren Ansätzen ab, als das Thema Gleichstellung oft „bottom up" durch Bewusstseinsbildung auf der Kulturebene angesetzt wurde. Hier wurde auf eine (langsame) Veränderungskraft durch die Basis, das Engagement Einzelner und durch informelle Strukturen vertraut. Mittlerweile zeigt jedoch die Erfahrung, dass Gender Mainstreaming als „Top-down-Prozess" Management- und Führungsaufgabe mit klarer, strategischer Ausrichtung ist. Änderungen auf der Kulturebene gehen zuerst Änderungen auf Strategie- und Strukturebene voraus.[12]

3.2 Prozessgestaltung

Bei der Umsetzung eines Gender-Mainstreaming-Prozesses kommen unterschiedliche Instrumente zur Anwendung. Die Auswahl, welches Instrument zur Anwendung am besten geeignet ist, hängt von der Zielsetzung des jeweiligen Projektes und vom Organisationskontext ab.

Wichtig ist es, dass durch Gender Mainstreaming möglichst keine Parallelabläufe geschaffen werden, sondern die Integration

---

[12] Vlg. Kirschner, Pschaid 2005, S. 24

der Gleichstellungsziele und deren Umsetzung in die regulären Organisationsstrukturen und -abläufe gelingt.[13]

Die anleitenden Personen sollten jedoch unbedingt ausreichendes Wissen über die anzuwendenden Methoden haben und über genügend Gender-Kompetenz verfügen.[14]

Die Kernelemente eines Gender-Mainstreaming-Prozesses sind:
- die Genderanalyse
- die Festlegung von Gleichstellungszielen
- die Umsetzung der zur Zielerreichung notwendigen Schritte
- die Evaluierung der Umsetzungsmaßnahmen

Im Folgenden werden die wichtigsten Methoden zur Prozessgestaltung vorgestellt.

Für die Gestaltung von Gender-Mainstreaming-Prozessen hat sich in der europäischen Praxis die so genannte GeM-Spirale bewährt. Diese baut auf der von der GeM-Koordinationsstelle für Gender Mainstreaming im ESF entwickelten 4-GeM-Schritte-Methode auf und geht davon aus, dass es sich bei Gender Mainstreaming um einen permanenten Verbesserungsprozess handelt.

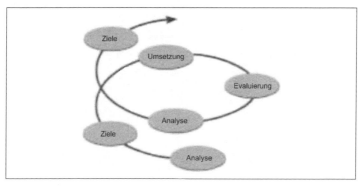

Abbildung 2: GeM-Spirale.   Quelle: Bergmann, Pimminger. 2004, S. 28.

---

[13] Vgl. Bergmann, Pimminger 2004, S. 40
[14] Vgl. Bendl, Hanappi-Egger, Hofmann 2004, S. 96

4-Schritte-Methode

Die 4-GeM-Schritte-Methode gliedert sich in folgende Schritte:

- Analyse: Geschlechterspezifische Fragestellungen und Ungleichheiten werden im jeweiligen Bereich wahrgenommen und analysiert.
- Ziele: Es werden konkrete und überprüfbare Gleichstellungsziele formuliert und festgelegt.
- Umsetzung: Es werden Maßnahmen entwickelt und umgesetzt. Vorhaben werden so gestaltet, dass sie zu den Gleichstellungszielen beitragen.
- Evaluierung: Ergebnisse und Fortschritte werden hinsichtlich der gesetzten Gleichstellungsziele überprüft.[15]

6-Schritte-Methode

Die 6-Schritte-Methode wurde einst für die Gestaltung politischer Prozesse nach dem Gender-Mainstreaming-Prinzip entwickelt, findet jedoch mittlerweile auch in wirtschaftswissenschaftlicher Literatur Einzug und in der Organisations- und Unternehmensentwicklung Anwendung. Sowohl die 4- als auch die 6-Schritte-Methode bedient sich klassischer, betriebswirtschaftlicher Gestaltungsprinzipien (Analyse, Definition von Zielen, Entwicklung und Auswahl von Handlungsmöglichkeiten, Umsetzung und Kontrolle), welche auf genderbezogene Fragestellungen umgelegt werden.

---

[15] Vgl. Bergmann, Pimminger 2004, S. 106

6 Schritte	Voraussetzungen*
1. Definition der gleichstellungspolitischen Ziele ⇨ Welcher Soll-Zustand wird durch das zu entscheidende Vorhaben angestrebt?	Kenntnisse über Ist-Zustand Zugrundelegung einschlägiger Rechtsnormen, Programme … Koordinierung mit allen betroffenen Bereichen
2. Analyse der Probleme und der Betroffenen ⇨ Welches sind die konkreten Hemmnisse auf dem Weg zu mehr Chancengleichheit (diskriminierende Prinzipien, Verfahren, Instrumente, …)? ⇨ Welche Gruppen sind betroffen?	Wissen über Gleichstellungsproblematik Zuarbeit und Unterstützung, z.B. durch Gutachten, Materialien, Schulungen
3. Entwicklung von Optionen ⇨ Welche Alternativen bestehen hinsichtlich Realisierung?	wie oben
4. Analyse der Optionen im Hinblick auf die voraussichtlichen Auswirkungen auf die Gleichstellung und Entwicklung eines Lösungsvorschlags ⇨ Welche Option lässt den höchsten Zielerreichungsgrad erwarten?	Analyse- und Bewertungskriterien
5. Umsetzung der getroffenen Entscheidung	
6. Erfolgskontrolle und Evaluation ⇨ Wurden die Ziele erreicht? ⇨ Ursachen für Nicht- und Teilerreichung? ⇨ Welche Maßnahmen sind notwendig?	Daten über Zielerreichung Berichtssystem verpflichtende Ursachenanalyse

* Erforderliche Ressourcen und Fachkenntnisse werden durchgängig vorausgesetzt.

Abbildung 3: 6-Schritte-Methode.

Quelle: Tondorf Karin 2001, S. 9.

3.3 Analysemethoden

Um Maßnahmenpakete zur Umsetzung von Gender Mainstreaming entwickeln zu können, ist es unbedingt notwendig, genug Wissen über geschlechtsspezifische Strukturen und Ungleichheiten im jeweiligen Handlungsfeld zu haben und über die Mechanismen ihrer Reproduktion. Dazu bedarf es einer fundierten Gender-Analyse mit aussagekräftigen Indikatoren und geschlechtsdifferenzierten Daten zur Abbildung der konkreten Situation im jeweiligen Interventionsfeld.[16]

Ziel der Gender-Analyse ist es, ein möglichst umfassendes Bild der Ist-Situation zu erlangen und Bedingungen struktureller Ungleichheit transparent zu machen.

„Die Analyse des Interventionsfeldes bildet nicht nur den Ist-Zustand ab, sondern fragt im Besonderen nach Ursachen, Einflussfaktoren und Auswirkungen der identifizierten geschlechtsspezifischen Ungleichheiten."[17]

Das genaue Wissen über die Ist-Situation und deren Ursache bildet die Basis für alle weiteren Gender-Mainstreaming-Umsetzungsschritte.

3-R Methode

Die 3-R-Methode wurde in Schweden vom Svenska Kommunförbundet, dem Zusammenschluss der Städte und Gemeinden, unter der Mitwirkung der Wissenschafterin Gertrud Aström entwickelt. Sie fragt nach den 3 Rs: Repräsentation, Ressourcen und Realität.

- Repräsentation: Diese Dimension dient der Bestandsaufnahme der horizontalen (nach Bereichen und Abteilungen) und vertikalen (nach Hierarchiestufen) Beteiligung von Frauen und Männern in einer Organisation, in einem Unternehmen, in einem Projekt usw. Zentrale Fragestel-

---

[16] Vgl. Bergmann, Pimminger 2004, S. 28
[17] Vgl. ebenda

lungen könnten sein: Wie viele Frauen und Männer sind von einer Maßnahme betroffen und wie viele wirken auf welcher Ebene an ihr mit?
- Ressourcen: Hier steht die Verteilung von Ressourcen im Mittelpunkt. Es handelt sich dabei nicht nur um Geld, im Sinne von Einkommen oder zu vergebenden Fördermitteln, sondern auch um Parameter wie Zeit (z.B. für konzeptionelle Arbeit), Raum (z.B. wer hat wie viel Büroraum zur Verfügung), Arbeitsmittel, Bildung, Fachwissen, Personal, Macht, Information. Fragen dazu könnten zusätzlich noch sein: Wie viel Sprechzeit nehmen Frauen in Gremiensitzungen in Anspruch und wie viel Männer? Wie viel Zeit geht zur Beantwortung der von Frauen und der von Männern eingebrachten Fragen auf? Gibt es Unterschiede in der verfügbaren Zeit zur Teilnahme an Sitzungen, Versammlungen, Vernetzungstreffen usw.? Wie hoch ist der Anteil der finanziellen Mittel, die in jeweilige Projekte einfließen?
- Realisierung: Hier handelt es sich, im Gegensatz zu den quantitativen Fragen mit Blick auf Repräsentation und Ressourcen, um eine qualitative Beschreibung der vorherrschenden Wertestruktur. Es wird nach den Ursachen der Ist-Situation gesucht. Folgende Fragen machen qualitative Dimensionen sichtbar: Aus welchen Gründen entsteht eine geschlechtsspezifische Verteilung von Repräsentation und Ressourcen? Gibt es dafür einen sachlichen Grund? Wie kann die Situation verändert werden? Existieren unhinterfragte Normen und Mythen in Bezug auf Frauen und Männer und herrschen „stereotype" Rollenbilder vor? Wie werden die Erfahrungen und Kenntnisse von Frauen und wie die von Männern wertgeschätzt?

Die 3-R-Methode mag auf den ersten Blick vereinfacht wirken, ist aber in ihrem Schwierigkeitsgrad bei der Anwendung nicht zu unterschätzen.[18]

---

[18] Vgl. Bendl, Hanappi-Egger, Hofmann 2004, S 91ff

„Im Besonderen bestimmt die Qualität der Analyse der ersten beiden Dimensionen (Repräsentation und Ressourcen) die Qualität für die abzuleitenden Strategien im Rahmen der dritten Dimension (Realisierung)."[19]

4-R-Methode

Häufig wird heute in der Praxis der Gender-Analyse mit der Erweiterung um ein viertes R für Rechte gearbeitet. Besitzen Frauen und Männer die gleichen formellen und informellen Rechte? Wirken sich bestehende Rechte (Richtlinien, Betriebsvereinbarungen, Kollektivvertrag etc.) unterschiedlich auf Frauen und Männer aus?

3.4 Zielformulierungen

Auf Grund der getätigten Analyse ergeben sich Gleichstellungsziele. Je fundierter die Analyse, desto besser gelingt es, Ziele zu definieren, sie zu begründen und diese auch umzusetzen. Um Gleichstellungsziele überprüfbar zu machen, gilt es diese zu operationalisieren, sprich in messbare Ziele zu übersetzen. Nur was überprüfbar ist, ist kontrollierbar und auch einforderbar.

Management by Objectives

Um Erfolge zu erzielen ist „Management by Objectives" (MbO) bzw. die Führung durch Zielvereinbarungen (FdZ) ein sehr brauchbares Planungswerkzeug. Im Rahmen von Zielvereinbarungsgesprächen werden konkrete Leistungen/Ziele/Ergebnisse inkl. Zeitrahmen zur Umsetzung gemeinsam festgelegt. Während das Ziel festgelegt und in Folge kontrolliert wird, bleibt der Weg zur Zielerreichung weitgehend der Selbstgestaltung überlassen.

Für das Controlling ist es unumgänglich, dass formulierte Ziele mess- und überprüfbar sind und von den jeweiligen Um-

---

[19] Bendl, Hanappi-Egger, Hofmann 2004, S. 93

setzungsverantwortlichen im Rahmen ihrer Kompetenz beeinflusst werden können. Durch klare Zielformulierungen fokussieren sich Gleichstellungsbemühungen.

Ziele sind vorweggenommene Resultate. Das SMART-Prinzip eignet sich gut zur Formulierung von Zielen.

Ziele sind nach dem SMART-Prinzip:
S Specific
M Measurable
A Accepted
R Realistic
T Timely

Die Ziele werden auf zwei Ebenen formuliert. Auf strategischer Ebene werden Schwerpunkte für die nächsten 3 bis 5 Jahre festgelegt und von der Führung verabschiedet. Gleichzeitig werden auf Managementebene Gleichstellungsjahresziele vereinbart, die einen Beitrag zur Erreichung der strategischen Hauptziele liefern sollen.[20]

Quoten sinnvoll einsetzen

Ein häufig gewählter Weg der Quantifizierung von Zielformulierungen ist eine Quote. Die Höhe der gewählten Quote kann von der Geschlechterrelation in der Zielgruppe abhängen, kann jedoch auch bewusst höher oder niedriger gewählt werden. Zusätzlich sollte darauf geachtet werden, inwieweit eine Quote auch eine qualitative Wirkungsdimension, entsprechend den strategischen Gleichstellungszielen, erfüllt. Eine unbedacht, zu allgemein gesetzte Quote könnte z.B. auch erfüllt oder übererfüllt sein, wenn Männer in langen und teuren Technikausbildungen und Frauen in kurzen kaufmännischen Zusatzschulungen qualifiziert werden. Hier wäre zum Beispiel eine Differenzierung nach Art der Maßnahme, Schulungsdauer, Fördermittel etc. sinnvoll.[21]

---

[20] Vgl. Sander, Müller 2003, S. 287ff
[21] Vgl. Bergmann, Pimminger 2004, S. 81

3.5 Evaluierung und Erfolgskontrolle

Die Erfahrung bei der Implementierung von Gender-Mainstreaming-Prozessen zeigt, dass Evaluierung und Kontrolle unerlässlich sind.

Ein wirksames Instrument, um Evaluierungen vorzunehmen, ist das Gleichstellungs-Controlling.

Gleichstellungs-Controlling ist im Sinne von Gender Mainstreaming als „Top-down-Strategie" angelegt und bedeutet eine langfristige Integration der Gleichstellungsanliegen in die laufenden Planungs- und Steuerungsprozesse.[22]

Die Erreichung von Resultaten gehört zur Führungsaufgabe. Damit Resultate erreicht werden können, müssen messbare Ziele und Maßnahmen zur Zielerreichung definiert werden.

Eine Evaluierung dient jedoch nicht nur alleine der Kontrolle, sondern eine Auswertung der Ergebnisse macht auch eine qualitative Weiterentwicklung möglich. Durch gewonnene Erfahrungen aus der Ergebnisauswertung können Umsetzungsprozesse nachjustiert werden. Zur Resultatssteuerung werden Sollwerte und Istwerte miteinander verglichen und bei Abweichungen Korrekturmaßnahmen eingeleitet.

Gleichstellungs-Controlling als Prozess

Ein idealtypischer Controllingprozess läuft folgendermaßen ab:

- Diagnose zum Stand der Gleichstellung in der Organisation
- Verabschiedung der strategischen Oberziele für die nächsten 2 bis 5 Jahre durch die oberste Führung
- Erarbeitung der Daten und Kennzahlen für die verabschiedeten Oberziele für ein permanentes Monitoring[23]

---

[22] Vgl. Sander, Müller 2003, S. 284
[23] Es ist sinnvoll, möglichst über einen längeren Zeitraum hinweg konstante Kennzahlen auszuwählen, damit Zeitvergleiche und Konkurrenzvergleiche (internes und externes Benchmarking) angestellt werden können.

- Vereinbarung der Gleichstellungs-Jahresziele mit den Führungskräften über Zielvereinbarungen und Erstellung eines Kennzahlensets, welches es den Führungskräften ermöglicht, ihre Zielerreichung selbst zu steuern (Gleichstellungs-Führungscockpits)
- Auswahl und Umsetzung der Maßnahmen zur Zielerreichung mit Unterstützung der Gender-Mainstreaming- oder Gleichstellungs-Beauftragten
- Zwischenkontrolle der Zielerreichung nach ca. einem halben Jahr oder analog dem üblichen Reporting-Rhythmus. Gegebenenfalls Anpassung der Maßnahmen
- Kontrolle der Zielerreichung nach einem Jahr. Bei Nichterreichung ist eine Anpassung der Maßnahmen und ein neues Jahresziel notwendig. Sinnvoll sind Konsequenzen, die sich zum Beispiel auf Leistungsboni oder das Abteilungsbudget auswirken und eine Sichtbarmachung des jeweiligen Erfolges oder Misserfolges in der Zielerreichung.
- Jährliche Überprüfung der strategischen Oberziele und Auswertung der Erfahrungen. Wenn notwendig neue strategische Oberziele auf Grund einer vertieften Standortbestimmung

Zur Einführung eines Gleichstellungs-Controllings sind einige Voraussetzungen in der Organisation bzw. im Unternehmen notwendig:

- Der (politische) Wille der obersten Führung
- Verbindliche Regelungen
- Planungs- und Steuerungsmodelle (z.B. Management by Objectives, Balanced Scorecard etc)

In Organisationen, in denen nicht ernsthaft mit Zielvereinbarungen gearbeitet wird, obwohl diese das offizielle Planungsinstrument darstellen, ist es schwieriger, Gleichstellungsziele auch wirklich umzusetzen. Hier ist es eventuell sinnvoller, Gleichstellungsperspektiven ins Qualitätsmanagement zu integrieren.[24]

---

[24] Vgl. Sander, Müller 2003, S. 289f

Rollen im Gleichstellungs-Controlling

Mit der Einführung von Gleichstellungs-Controlling findet ein Rollenwechsel statt. Nicht mehr Gender-Mainstreaming- oder Gleichstellungs-Beauftragte, sondern die jeweiligen Führungskräfte sind für die Zielerreichung verantwortlich. Die Beauftragten übernehmen eine beratende, unterstützende Rolle, stehen mit Know-how zur Verfügung und sorgen, gemeinsam mit dem Controlling, für Ergebnistransparenz. Controllerdienst und Gleichstellungsbeauftragte erarbeiten gemeinsam für Führungskräfte, entsprechend deren Bedürfnissen, die Führungs-Cockpits und das permanente Monitoring.[25]

3.6 Gender Mainstreaming als Teil eines Organisationsentwicklungsprozesses

In Zeiten von organisationalen Umbrüchen ist es keine Seltenheit, dass bereits ein Gender-Mainstreaming-Prozess in einer Organisation am Laufen ist und zusätzlich ein Organisationsentwicklungsprozess für eine allgemeine Prozessoptimierung und Neuausrichtung eingeleitet wird oder umgekehrt.

Da sich beide Prozesse der gleichen Managementmethoden und Instrumente bedienen, ist es sinnvoll und Ressourcen sparend, Gender Mainstreaming von Beginn an in sämtliche Schritte des Organisationsentwicklungsprozesses zu integrieren und genderspezifische Fragen in Analyse, Zielformulierung, Umsetzung und Evaluierung mit einzubauen. Doppelgleisigkeiten können somit vermieden werden und beide Prozesse können gemeinsam von einander profitieren.

Gender Mainstreaming bringt eine sehr tiefe Dimension in den Organisationsentwicklungsprozess ein und hilft Organisationen und Unternehmen in Bezug auf Geschlechtergerechtigkeit, Diversität und somit für unterschiedliche Bedürfnisse von

---

[25] Vlg. ebenda, S. 290f

Zielgruppen (MitarbeiterInnen, FunktionärInnen, Mitglieder/KundInnen) zu sensibilisieren. Das Aufbrechen von Vorurteilen, alter Denkmuster und bislang unhinterfragter Rituale führt zu neuen Sichtweisen und Handlungsansätzen. Veränderungsprozesse werden leichter und in hoher Qualität möglich.

Andererseits profitiert Gender Mainstreaming von den meist sehr straff hierarchisch vorgegebenen Abläufen des Organisationsentwicklungsprozesses. Während Gender-Mainstreaming-Prozesse oft unter der Unverbindlichkeit, mit der sie implementiert werden, leiden (es fehlt zum Beispiel oft an der Evaluierung und es werden keine Konsequenzen vorgesehen, wenn Ziele nicht umgesetzt werden), ist ein Organisationsentwicklungsprozess mit zugekauften BeraterInnen, schon alleine aus Kostengründen, stets sehr hoch priorisiert und streng nach dem Top-down-Prinzip implementiert.

Wichtig ist es daher bei der Auswahl der BeraterInnen bzw. der Beraterfirma zur Implementierung eines Organisationsentwicklungsprozesses auf verfügbare Genderkompetenz zu achten. Nur wenn diese vorhanden ist, gelingt die optimale Verzahnung beider Prozesse. Ist dies nicht der Fall, müssen Genderkompetenz und die damit verbundenen Ressourcen von der Organisation selbst zur Verfügung gestellt oder zusätzlich extern zugekauft werden. Dadurch entstehen jedoch vermehrte Kosten und die Gefahr eines Konkurrenzverhältnisses unter den beiden Prozessen und den jeweils zuständigen ExpertInnen.

4. Beispiele erfolgreicher Implementierung von Gender-Mainstreaming- und Gleichstellungs-Prozessen

Die nächsten Kapitel sind Ergebnis einer Studie, mit der die Firma matkovits+geiger | organisationsberatung und informationssysteme von der Gewerkschaft vida beauftragt wurde, sowie Schlussfolgerungen daraus.

Ausgangspunkt für die Beauftragung der Studie war der seit dem 1. September 2008 laufende Organisationsentwicklungsprozess in der Gewerkschaft vida. Anlass zur Organisationsentwicklung gab unter anderem der Zusammenschluss der Gewerkschaft der Eisenbahner, der Gewerkschaft Hotel, Gastgewerbe, Persönlicher Dienst sowie der Gewerkschaft Handel, Transport und Verkehr zur neuen Verkehrs- und Dienstleistungsgewerkschaft vida im Dezember 2006. Ziel war es nach fast zwei Jahren gemeinsamer operativer Tätigkeit, organisatorische Abläufe zu optimieren.

Im Rahmen von Teilprojekt A (Anpassung und Präzisierung bestehender organisatorischer Regelungen) des Organisationsentwicklungsprozesses in vida haben mehr als 100 KollegInnen in zahlreichen Kooperationsworkshops über ihre Erfahrungen der ersten Jahre in vida diskutiert und es wurde erhoben, welche Prozesse und Abläufe es zu optimieren gilt.

Auf Basis dieser Ergebnisse und Erkenntnisse wurden 18 Entwicklungsfelder definiert. Diese 18 Entwicklungsfelder wurden den WorkshopteilnehmerInnen vorgestellt und in Arbeitsgruppen bewertet und priorisiert.

Eines dieser Entwicklungsfelder bezog sich auf die Implementierung von Gender Mainstreaming in die Gewerkschaft vida und wurde anhand der Faktoren Wichtigkeit und Dringlichkeit von den MitarbeiterInnen als sehr hoch bewertet (Wichtigkeit 8,5 von 10 Punkten, Dringlichkeit 7,0 von 10 Punkten).

Die MitarbeiterInnen in vida waren bereits zum Thema Gender Mainstreaming und Geschlechtergleichstellung sensibilisiert, da die eingerichteten Gender-Mainstreaming-Beauftragten als auch die Gender-Mainstreaming-Steuergruppe in vida seit dem Gründungsprozess eine Menge an Aufklärungs- und Prozessarbeit geleistet hatten.

Dieses eindeutige Ergebnis sowie Vorgaben aus der eigenen Geschäftsordnung nahm sich die Geschäftsleitung von vida zum Anlass, um eine Forschungsarbeit in Auftrag zu geben.

Ziel des Forschungsprojektes

Ziel des Forschungsprojektes war es, den Implementierungsprozess von Gender Mainstreaming und seine Auswirkungen in vergleichbaren Organisationen zu erkunden, um für die Gewerkschaft vida Handlungsoptionen abzuleiten. Die wesentliche Frage war: Wie muss ein Gender-Mainstreaming-Prozess in einer Organisation implementiert werden, damit er erfolgreich wirksam wird?

Auftrag und Arbeitsansatz

Mit der Durchführung der Vergleichsstudie wurde matkovits+geiger | organisationsberatung und informationssysteme von vida beauftragt.

Erarbeitet wurde die Studie von Dr. Susanne Matkovits (Politikwissenschafterin, Organisationsberaterin) und Mag. Nora Heger (Soziologin). Der Arbeitsansatz der AuftragnehmerInnen basierte zum einen auf der Aktionsforschung nach Kurt Lewin und zum anderen auf dem Dialogkonzept.

Diese Ansätze wurden gewählt, um – ausgehend von einer fundierten IST-Analyse – Veränderungsprozesse in Gang zu setzen. Produkt daraus sind konkrete Handlungsvorschläge, die als Grundlage zur Umsetzung relevanter Maßnahmen in unterschiedlichen Kontexten dienen sollen.

Die Vorgangsweise und Architektur der Studie orientiert sich an den Grundstrukturen der Phasen der Aktionsforschung:

Zieldefinition, Gesamtplanung, Aktion, Tatsachenfindung, Bewertung neuer Einsichten, Formulierung von Handlungsansätzen und Planung der nächsten Schritte.[26]

Unterstützt wurde die Strategie der Aktionsforschung durch das Konzept des Dialogs.[27] Durch den von den Forscherinnen moderierten Dialog wurde die Reflexion über bereits gelaufene Implementierungsprozesse in den Organisationen und die Kunst des gemeinsamen Denkens angeregt und gefördert. Der gemeinsame Dialog sollte Kreativität entfalten und Wissen generieren, mit dem Ziel konkrete Handlungsansätze für die Implementierung von Gender Mainstreaming in der Gewerkschaft vida zu formulieren.

Zielgruppe

Zielgruppe des Forschungsprojektes waren vergleichbare Organisationen, die bereits einen internen Gender-Mainstreaming-Implementierungsprozess durchlaufen haben und über Erfahrungen verfügen, die für die nächsten Handlungsschritte bei vida Orientierungshilfe sein können.

Ein wesentliches Merkmal der ausgewählten, zu vergleichenden Organisationen war, dass sie über ähnliche Strukturen wie vida verfügen, wie z.B. hauptamtliche und ehrenamtliche MitarbeiterInnen, eine überregionale sowie regionale Organisationsstruktur, FunktionärInnen, die in den dafür zuständigen Gremien übergeordnete Entscheidungen treffen und eventuell Mitglieder, die es als Kunden zu bedienen gilt. Speziell sollten die Organisationskultur und -struktur, die geschlechtergerechte Beteiligung in Gremien und an Führungspositionen sowie die Veränderungen in der Personalentwicklung erforscht werden.

Im Startworkshop zum Forschungsprojekt haben sich die AuftraggeberInnen dann gemeinsam darauf geeinigt, das Arbeitsmarktservice Österreich, die Gewerkschaft ver.di und die

---

[26] Vgl. Friedrichs 1980, S. 374
[27] Vgl. Isaacs 2002, S. 239ff

Oberösterreichische Gebietskrankenkasse als vergleichbare Organisationen heranzuziehen.

Beim Österreichischen Arbeitsmarktservice wird auf Grund der Entstehungsgeschichte der Gleichbehandlungsstrategie im Zusammenhang mit dem Bundesgleichbehandlungsgesetz intern von Gleichstellungspolitik und nicht von Gender Mainstreaming gesprochen. Auf Grund des äußerst anspruchsvollen Implementierungs- und Controllingprozesses, der vielzähligen einzelnen Maßnahmen zur Herstellung von Gleichstellung zwischen Mitarbeiterinnen und Mitarbeitern sowie der Gender-Mainstreaming-Schulungen für Führungskräfte wurde das Arbeitsmarktservice dennoch zur Analyse ausgewählt.

Methodische Vorgehensweise

Kernstück des Projektes war die Gewinnung von Daten zu den Implementierungsprozessen von Gender Mainstreaming der ausgewählten Organisationen.

Es wurden alle verfügbaren Materialien der Vergleichsorganisationen eingeholt und ausgewertet sowie mittels Gruppen- und Einzelinterviews die Sicht von Führungskräften und MitarbeiterInnen über Wirkung und Nutzen des Gender-Mainstreaming-Prozesses erhoben.

Die Kernfragen fokussierten dabei auf folgende Schwerpunkte:
- Was waren die jeweiligen Auslöser sowie Rahmenbedingungen und Voraussetzungen in der jeweiligen Organisation für die Implementierung von Gender Mainstreaming?
- Welche gleichstellungspolitischen Ziele wurden definiert und umgesetzt?
- Wie wurden die Vorhaben umgesetzt und was sind die Auswirkungen?
- Welche Kriterien waren förderlich für die Umsetzung und welche hemmend?
- Darüber hinaus war es auch wichtig, nach dem Nutzen des GM-Implementierungsprozesses für die Organisation zu

fragen, ebenso wie nach der Qualitätssicherung und dem Controlling.

In einem zweiten Schritt wurden auf Grundlage der analysierten und ausgewerteten Daten Handlungsansätze formuliert. Sie sollen EntscheidungsträgerInnen, Gender-Mainstreaming-Beauftragte und am Prozess beteiligte Personen dazu befähigen, Gender Mainstreaming in die Organisation professionell einzubetten und gleichstellungsorientierte Ziele zu formulieren.

4.1 Die Implementierung von Gleichstellung in das Arbeitsmarktservice Österreich

Wissenschaftliche Studien bescheinigen dem Arbeitsmarktservice Österreich (AMS) eine Vorreiterrolle innerhalb Österreichs hinsichtlich der Verankerung von Gender Mainstreaming.[28] Daher lag es nahe, das AMS als Vergleichsorganisation auszuwählen und einer näheren Betrachtung zu unterziehen.

Historisch gesehen hat das AMS 1994 eine organisationale Veränderung erfahren: Aus der Arbeitsmarktverwaltung wurde durch die Ausgliederung aus der staatlichen Verwaltung, dem damaligen Bundesministerium für Arbeit und Soziales, das Dienstleistungsunternehmen Arbeitsmarktservice Österreich.

Seitdem ist das AMS ein Unternehmen öffentlichen Rechtes, zuständig für die Durchführung der Arbeitsmarktpolitik des Bundes, in Abstimmung mit den Interessensvertretungen der ArbeitgeberInnen und ArbeitnehmerInnen. Wesentliche Aufgabe des AMS ist die Vermittlung von Arbeitskräften. Bei der Erfüllung seiner Aufgaben orientiert sich das AMS unter anderem an dem festgeschriebenen Grundsatz zum Abbau des geschlechtsspezifischen Arbeitsmarktes.[29]

---

[28] Vgl. Feigl 2006, S. 8
[29] Vgl. ebenda, S. 8f

Zur Organisationsstruktur

Das AMS beschäftigt rund 4.500 Personen. Zwei Drittel der Beschäftigten (62%) sind Frauen (Stand 3/2010).

Das Unternehmen agiert sowohl auf Bundes- als auch auf Länder- und regionaler Bezirksebene. Neben der Bundesgeschäftsstelle gibt es neun Landesgeschäftsstellen und 99 regionale Geschäftsstellen (Stand 11/2006).

Geschäftsführende Organe sind auf Bundesebene der Vorstand, auf Landesebene die LandesgeschäftsführerInnen und deren StellvertreterInnen und auf regionaler Ebene die LeiterInnen der regionalen Geschäftsstellen. Die Gremien mit Entscheidungs- und Kontrollbefugnis – auf Bundesebene ist dies der Verwaltungsrat, auf Landesebene das jeweilige Landesdirektorium und auf regionaler Ebene der Regionalbeirat – sind sozialpartnerschaftlich besetzt.[30]

4.1.1 Der Implementierungsprozess

Grundlage für die Gleichstellungspolitik des AMS ist das Bundesgleichbehandlungsgesetz (1993). Dieses enthält den Grundsatz der gleichen Entlohnung für gleichwertige Arbeit und das Verbot der Diskriminierung bei der Personalauswahl, beim Zugang zu betrieblicher Aus- und Weiterbildung und beim beruflichen Aufstieg. Durch die Ausgliederung der Arbeitsmarktverwaltung aus dem öffentlichen Sektor wurde aus der Verwaltungsbehörde AMV ein Dienstleistungsunternehmen, welches jedoch nach wie vor dem Bundesgleichbehandlungsgesetz unterliegt.[31]

Auf dieser Grundlage war die Initiative für eine Personalpolitik zur Gleichstellung, die nicht allein vom Goodwill des Managements abhängig war, im AMS legitimiert.

---

[30] Vgl. http://www.ams.at/ueber_ams.html (Zugriff am 4. 3. 2010)
[31] Vgl. Feigl 2006, S. 8

Gleichzeitig wurde durch die – gesetzlich geforderte – Bestellung von Gleichbehandlungsbeauftragten eine Struktur für die Entwicklung und Beobachtung der Gleichstellungsinitiativen institutionalisiert.

Die Gleichbehandlungsbeauftragten des AMS werden direkt vom Vorstandsvorsitzenden für fünf Jahre bestellt. Sie können 20–30% ihrer Arbeitszeit für diese Funktion einsetzen.

Analog zur Aufbauorganisation des AMS gibt es in jeder der neun Landesorganisationen eine Gleichbehandlungsbeauftragte. Für jeweils sechs Jahre wird ein Gleichstellungs- und Frauenförderplan verabschiedet. Wesentliche Grundlage für den ersten im Jahr 1996 erstellten Plan waren die Durchführung einer Befragung der Mitarbeiterinnen (ausschließlich Frauen, bei späteren Befragungen wurden die männlichen Mitarbeiter auch befragt) und die Vorlage eines ersten „Gleichbehandlungsberichts" mit konkreten Daten über die geschlechtsspezifische Beschäftigungsstruktur.[32]

Damit begann im Arbeitsmarktservice ein intensiver interner Prozess zur Gleichstellung, der jedoch nicht gleichzusetzen ist mit der Implementierung von Gender Mainstreaming.

Diese Strategie zur Gleichstellung wurde im Mai 2000 vom Vorstand des AMS als verbindlich innerhalb des AMS erklärt und systematisch verankert, bezog sich aber vor allem auf die nach außen gerichteten Kernaufgaben des AMS (Vermittlung von Arbeitsuchenden, Teilnahme an arbeitsmarktpolitischen Maßnahmen, usw.) und die Förderung der Gleichstellung auf dem Arbeitsmarkt. Bei der Umsetzung von Gender Mainstreaming hatte das AMS dabei einen Startvorteil, konnte es doch auf die bereits vorhandenen und etablierten internen Gleichstellungsstrukturen zurückgreifen.

AMS-intern wird nach wie vor von Gleichstellungspolitik gesprochen, ebenso wird in Folge der Implementierungsprozess im AMS bezeichnet.

---

[32] Vgl. Stockhammer 2004, S. 127ff

4.1.2 Die Gleichstellungsziele

In der ersten Funktionsperiode waren beide Vorstandspositionen im AMS männlich besetzt, ebenso wie alle neun Top-Positionen (LandesgeschäftsführerInnen) in den Ländern. Es gab lediglich eine stellvertretende Landesgeschäftsführerin. Insgesamt waren 23,2% aller Führungspositionen mit Frauen besetzt. Heute sind es 40,1%. Mittlerweile werden zwei Landesorganisationen von Frauen gemanagt. Infolge dieses Gender Gap stand die Beteiligung von Frauen an Führungsverantwortung von Anfang an im Mittelpunkt des Gleichstellungsinteresses.

Zieldefinition

Als übergeordnete Ziele der Gleichstellungspolitik im AMS wurden definiert:
- die bessere Vereinbarkeit von Beruf und Familie der MitarbeiterInnen sowie
- die Beteiligung von Frauen an Führungsverantwortung

Zielvereinbarungen

Seit 1996 werden zwischen dem Vorstand des AMS und den neun LandesgeschäftsführerInnen für jeweils zwei Jahre quantitative Zielvereinbarungen über die geplante Anhebung des Frauenanteils in Führungspositionen getroffen. Dies findet im Rahmen der Konferenz der LandesgeschäftsführerInnen statt.

Die Gleichbehandlungsbeauftragte der Bundesgeschäftsstelle und Leiterin der Gleichbehandlungsarbeitsgruppe bereitet auf Basis der aktuellen Personaldaten gemeinsam mit den Personalverantwortlichen die Entscheidungsgrundlagen auf und erstellt einen Zielvorschlag für jede Landesorganisation. Grundlage dafür sind die jeweils zu erwartende Fluktuation durch Pensionierungen, die bisherige durchschnittliche Gesamtfluktuationsrate infolge von Arbeitsplatzwechsel und der aktuelle Frauenanteil, sprich der bisher erreichte Platz im Österreich-Ranking. Weiters wird das Potential an Nachwuchskräften berücksichtigt und dabei auch festgestellt, ob durch rechtzeitige Förderungsmaßnahmen oder durch überregionale Besetzungsstrategien genügend qualifizierte Bewerberinnen realisierbar sind.

Auf Einladung des Vorstandsvorsitzenden unterbreitet die Gleichbehandlungsbeauftragte den LandesgeschäftsführerInnen den mit dem Vorstand abgesprochenen Vorschlag. Diese stimmen dem Vorschlag zu oder beantragen eine Änderung, wenn sie davon ausgehen, die Vorgaben nicht erreichen zu können.

In diesem Aushandlungsprozess müssen die Gleichbehandlungsbeauftragten gut vorbereitet sein – durch die gute Vernetzung der Beauftragten lassen sich manche Gegen-Argumente entkräften. Wesentlich ist auch die Analyse, welche Führungsjobs zu besetzen sind. Wenn gar keine Einigung zu erzielen ist, gibt es letztlich eine Nachverhandlung zwischen dem Vorstandsvorsitzenden und der betreffenden Landesorganisation.

Insgesamt ist die Qualität der Verhandlungen mittlerweile als sehr positiv zu bewerten – die Ziele haben zunehmend eine verbindliche Form angenommen. Hinzu kommt, dass die Zielvereinbarungen den internen Wettbewerb zwischen den LandesgeschäftsführerInnen entfacht haben. Niemand will das „Schlusslicht" in Sachen Zielerreichung sein.[33]

Sicherstellung der Zielerreichung

Die Sicherstellung der Zielerreichung erfolgt einerseits durch prozessbegleitendes Controlling und andererseits durch umfassende Equality Checks. Im vierteljährlichen Controlling sind Auswahl- und Besetzungsverfahren für Führungspositionen, Maßnahmen zur Karriereförderung, Motivationsstrategien zur Erhöhung der Bewerbungen und das Ranking der Landesorganisationen bei der Zielerreichung regelmäßig Gegenstand der Diskussion bei Management-Tagungen.

Mittels Equality Checks wird jährlich in allen Geschäftsstellen Bilanz über die Umsetzung der Gleichstellung gezogen. Auf Grund der regionalen Analysen werden Stärken und Verbesse-

---

[33] Vgl. Stockhammer 2004, S. 127ff

rungspotentiale identifiziert, die einerseits als Good Practice kommuniziert und aus denen andererseits konkrete Ziele abgeleitet werden. Alle MitarbeiterInnen werden darüber informiert. Zusätzlich ist das Instrumentarium der Zielvereinbarungen zur Umsetzung von Gleichstellung auch im Rahmen der Balanced Scorecard des AMS integriert.

Ob ein Ziel erreicht wird oder nicht, hat Konsequenzen und bestimmt letztlich auch die Höhe der Ausschüttung der Prämie für die jeweilige Regionalstelle.[34]

4.1.3 Maßnahmen zur Umsetzung

Auf Basis von MitarbeiterInnenbefragungen, den jährlichen Equality Checks sowie dem Gleichstellungs-Controlling werden die gleichstellungspolitischen Ziele in den Gleichstellungs- und Frauenförderplänen definiert und der aktuellen Situation angepasst.

Alle AMS-Stellen sind zur Umsetzung von Gleichstellung verpflichtet. Besonders Führungskräfte, der Bereich Ausbildung, die Personalabteilung sowie die Gleichstellungsbeauftragten bzw. regional die Kontaktfrauen sind mit dem Thema befasst.

Die wichtigsten inhaltlichen Schwerpunkte des aktuellen internen Gleichstellungs- und Frauenförderplans im AMS 2008–2013 sind:

- Umsetzung von Gleichstellung im AMS: Zu den Pflichten der Vorgesetzten gehört es insbesondere auf die Gleichstellung der weiblichen Bediensteten zu achten.
- Sprachliche Gleichbehandlung: In allen Schriftstücken des AMS werden Personenbezeichnungen in weiblicher und männlicher Form (bzw. mit Binnen-I) verwendet.
- Personalentwicklung: Maßnahmen zur Förderung der Gleichstellung von Mitarbeitern und Mitarbeiterinnen sind im AMS fixer Bestandteil der Personalentwicklung.

---

[34] Vgl. Stockhammer 2004, S. 131ff

Teil 1 des Gleichstellungs- und Frauenförderplans

enthält Maßnahmen zur Personalentwicklung, die allesamt darauf abzielen, Frauen wie Männern Chancengleichheit in ihrer beruflichen Tätigkeit und ihrer Berufslaufbahn zu garantieren.

Im Wesentlichen betreffen diese Maßnahmen folgende Bereiche:

- Vereinbarkeit von Beruf und Familie: z.B. Möglichkeit flexibler Arbeitszeiten, Unterstützung der Organisation von Kinderbetreuung, Weiterbildung während der Elternkarenz
- Aus- und Weiterbildung: z.B. gleicher Zugang zu Bildungsmaßnahmen unabhängig von Geschlecht und Beschäftigungsausmaß, Sicherstellung der Betreuung von Kindern der SeminarteilnehmerInnen
- Berufliche Entwicklungschancen: z.B. diskriminierungsfreie Bewertung von Arbeitsplätzen, Möglichkeit der Ausübung von leitenden Positionen in Teilzeit, Gleichbehandlung von Männern und Frauen bei der Anordnung von Überstunden

Teil 2 des Gleichstellungs- und Frauenförderplans

umfasst spezifische Maßnahmen der Frauenförderung als Ausgleich für die traditionellen Benachteiligungen, denen Frauen ausgesetzt sind (z.B. zusätzliche Bildungstage, Mentoring-Programme und Laufbahn-Seminare für Mitarbeiterinnen, spezielle Bildungsangebote für Frauen im Rahmen der Förderung des Führungskräftenachwuchses).

Teil 3 des Gleichstellungs- und Frauenförderplans

beinhaltet quantitative Zielvorgaben für die Erhöhung des Frauenanteils in Leitungspositionen inkl. Controlling.[35]

---

[35] Vgl. Feigl 2006, S. 31

Im Folgenden werden die aktuellen Strategien und Maßnahmen des Gleichstellungs- und Frauenförderplans 2008–2013 im Detail dargestellt.

Übergeordnete Ziele:
- Vereinbarkeit von beruflichen und familiären Aufgaben
- Aufmerksamkeit und Kompetenz für Gleichstellung
- Gleiche Beteiligung von Frauen und Männern an Verantwortung und Entscheidungen
- 50% Frauenanteil auf allen Führungsebenen[36]

Strategie	Die Leistungen von Frauen und Männern durch Sprache selbstverständlich und gleichermaßen sichtbar machen.
Maßnahmen	In allen Publikationen und im Schriftverkehr des AMS sowie in der Kommunikation nach innen und außen werden Personenbezeichnungen in weiblicher und männlicher Form verwendet.
Strategie	Alle MitarbeiterInnen (MA) übernehmen ihren Teil der Verantwortung für eine Unternehmenskultur der Gleichberechtigung und Gleichstellung. Führungskräfte haben dabei eine Vorbildfunktion.
Maßnahmen	Bei der Aufnahme neuer MA und insbesondere bei der Auswahl der FK ist Gender Kompetenz ein Anforderungskriterium. Grundausbildung vermittelt die Grundlagen. Weiterbildung festigt die Gender-Kompetenz.
Strategie	Bereitstellung von Ressourcen zur Erreichung der Gleichstellungsziele.
Maßnahmen	In jeder Landesorganisation und in der Bundesgeschäftsstelle wird mind. eine Gleichbehandlungsbeauftragte bestellt. Die erforderlichen Planstellenanteile von 25–50% werden von der Landesgeschäftsstelle zur Verfügung gestellt.
Strategie	Aktive Information aller MA und EntscheidungsträgerInnen über Veranstaltungen, Publikationen, Fragen zur Gleichbehandlung etc.
Maßnahmen	Der Gleichstellungs- und Frauenförderplan wird allen MA bereits beim Eintritt als Teil der Welcome-Mappe zur Kenntnis gebracht. Die Mitglieder des Verwaltungsrats, der Landesdirektorien und Regionalbeiräte werden über Ziele und Umsetzung der Gleichstellung im AMS informiert.

---

[36] Vgl. AMS Gleichstellungs- und Frauenförderplan 2008–2013, S. 7

Strategie	Zur Erhöhung des Frauenanteils in Führungspositionen trifft das Management Zielvereinbarungen für jeweils zwei Jahre. Die Zielergebnisse werden regelmäßig evaluiert, vorbildliche Geschäftsstellen mit dem AMS-Award ausgezeichnet.
Maßnahmen	Ein Mal pro Jahr: Equality Check – Führungskräfte (FK) ziehen gemeinsam mit den Gleichbehandlungsbeauftragten Bilanz. Quantifizierte Indikatoren gehen als Equality Index mit einer für den Gesamterfolg maßgeblichen Gewichtung in die Balanced Scorecard des AMS ein. Ergebnisse werden einmal pro Jahr im Rahmen einer MitarbeiterInnenveranstaltung zwischen FK und MA in jeder Landesorganisation und Bundesgeschäftsstelle diskutiert.

Tabelle 1: AMS – Strategien und Maßnahmen des Gleichstellungs- und Frauenförderplans 2008–2013.

Quelle: AMS Gleichstellungs- und Frauenförderplan 2008–2013, S. 7.

Maßnahmen im Bereich Personalentwicklung

Zur Förderung der Vereinbarkeit von Beruf und Familie und von Work-Life-Balance wurden folgende Ziele formuliert:

- Alle Möglichkeiten der flexiblen Arbeitszeitgestaltung werden im Sinne der Work-Life-Balance speziell in den regionalen Geschäftsstellen von Frauen und Männern gleichermaßen genützt.
- Erhöhung des Männeranteils an Teilzeit-Beschäftigung von 6,5 auf 10%
- Erhöhung des Anteils der Männer in Elternkarenz von derzeit 1% auf 4%
- Erhöhung des Anteils von Teilzeit-Führungskräften
- Zur Erreichung dieser quantitativen Zielvorgaben bis 2013 werden jeweils zweijährige Steigerungsraten vereinbart.

Überprüfung:

- Equality Check
- Im Rahmen der Richtlinie zum Good-Practice-Transfer
- Gleichbehandlungsbericht[37]

---

[37] Vgl. AMS Gleichstellungs- und Frauenförderplan 2008–2013, S. 11

Strategie	MA mit Betreuungspflichten bei der Vereinbarkeit von Beruf und Familie durch flexible Arbeitszeitorganisation unterstützen.
Maßnahmen	Arbeitsgruppe Gleichbehandlung und Personalabteilung sorgen für Good-Practice-Transfer zwischen regionalen Geschäftsstellen bez. flexiblen Arbeitszeit-(AZ-)Regelungen. Weitere flexible AZ-Formen wie z.b. Sabbatical, Bildungskarenz, Altersteilzeit etc. sollen ermöglicht werden. FK gestalten individuelle AZ-Vereinbarungen für alle transparent. Bei Wechsel zu Teilzeit (TZ) werden die Aufgabenbereiche klar reduziert. FK berücksichtigen (Kinder-)Betreuungspflichten der MA bei Einteilung von Überstunden, Mehrarbeit und Dienstreisen. FK organisieren Besprechungen und Arbeitstagungen so, dass die Anwesenheit von MA mit (Kinder-)Betreuungspflichten möglich ist. Personalabteilung und Landesgeschäftsführung tragen dafür Sorge, dass TZ-Arbeit auf allen Qualifikationsstufen möglich ist. Die jeweilige Personalabteilung informiert die Gleichbehandlungsbeauftragten vor einer Ablehnung konkreter Arbeitszeitwünsche. Wenn sich in einer Geschäftsstelle über 2 Jahre Beschwerdefälle ereignen bzw. im Equality Check ein entsprechendes Verbesserungspotential erkannt wird, ist die Leitung dieser verpflichtet, eine Beratung bez. AZ-Flexibilisierung in Anspruch zu nehmen.
Strategie	Ermöglichung von TZ-Beschäftigung ohne dauerhafte Karrierenachteile fördern und Gleichwertigkeit sicherstellen.
Maßnahmen	Die Personalabteilung informiert über TZ-Arbeit, zeigt Möglichkeiten auf, weist aber auch auf Konsequenzen hin (Pensionshöhe). FK fördern TZ-Beschäftigung – Vertretungsaufgaben sind von der FK für die gesamte Organisationseinheit transparent zu gestalten. Für Prämien ist die Erfolgszumessung und nicht das Beschäftigungsausmaß bestimmend. Die Personalabteilung prüft bei jeder Neuausschreibung einer Führungsposition auch die Möglichkeit, sie als TZ-Stelle zu besetzen. Die Arbeitsgruppe Gleichbehandlung fördert gemeinsam mit den Abteilungen Personal- und Organisationsentwicklung den Informationsaustausch zum Thema TZ und Führung.
Strategie	Förderung der Väterkarenz und Bindung karenzierter MA an das Unternehmen.
Maßnahmen	Infoblatt zu Väterkarenz in der Welcome-Mappe. Verbindliches MitarbeiterInnengspräch durch unmittelbare Vorgesetzten mit Vater spätestens nach Geburt des Kindes.

	Um die Inanspruchnahme der Elternkarenz durch Männer zu fördern, erfolgt die Abdeckung für den personellen Ersatz bei Bedarf durch den Vorstand. Möglichkeit der geringfügigen Beschäftigung neben Karenz- oder Kindergeldbezug durch Männer und Frauen. Möglichkeit der Teilnahme an Weiterbildungsmaßnahmen.
Strategie	Organisatorische und finanzielle Unterstützung bei der Kinderbetreuung.
Maßnahmen	Bei überregionalen Tagungen und Aus- und Weiterbildungsveranstaltungen wird bei Bedarf Kinderbetreuung organisiert oder eine entsprechende Betreuungsfürsorge finanziert. Ausbildungsverantwortliche erheben die Nachfrage nach Kinderbetreuung und die Finanzierung. Bei Neu- oder Umbauten von Geschäftsstellen ist zu prüfen, ob Räumlichkeiten für Kinderbetreuung einzuplanen sind. Das AMS stellt jährlich einen Betrag für die flexible Unterstützung von Kinderbetreuung zur Verfügung.

Tabelle 2: AMS – Strategien und Maßnahmen zur Vereinbarkeit von Beruf und Familie und zu Work-Life-Balance.

Quelle: AMS Gleichstellungs- und Frauenförderplan 2008–2013, S. 11.

Chancengleichheit und Gleichstellungsförderung in der Aus- und Weiterbildung von MitarbeiterInnen

Um Chancengleichheit für Frauen und Männer in der Aus- und Weiterbildung zu gewährleisten, wurden folgende Zielvereinbarungen getroffen:

- Der geschlechtsspezifische Anteil an den Weiterbildungstagen und am Weiterbildungsbudget entspricht dem MitarbeiterInnenanteil bzw. beträgt für Frauen mindestens 50%.
- Frauenförderung: Frauen absolvieren im Durchschnitt 6 Weiterbildungstage im Jahr.
- Mind. 50% der Seminartage in der zentralen Grundausbildung werden durch weibliche Vortragende abgedeckt.
- Gleichstellungskompetenz der MA fördern.[38]

---

[38] Vgl. AMS Gleichstellungs- und Frauenförderplan 2008–2013, S. 15

Überprüfung:
- Equality Check
- Überprüfung der Genderkompetenz bei externen TrainerInnen in der Weiterbildung
- Bildungscontrolling

Strategie	Gleicher Zugang zu Maßnahmen der Aus- und Weiterbildung.
Maßnahmen	Alle Aus- und Weiterbildungsmaßnahmen werden bei Bedarf mit Kundenbetreuung angeboten. MA mit schulpflichtigen Kindern wird finanzielle Unterstützung für zusätzliche Betreuung am Wohnort gewährt. Ausbildungsverantwortliche organisieren vermehrt regionale Weiterbildungsangebote. Ausbildungsverantwortliche forcieren flexible moderne Formen des Lernen (E-learning etc.). Spezielle Angebote für Frauen sind vor allem in den Bereichen Persönlichkeitsentwicklung und Kommunikation anzubieten.
Strategie	Maßnahmen der Frauenförderung zur Erreichung der Gleichstellung in den beruflichen Laufbahnen (bis zu Erreichen der 50% Frauenquote in Führung).
Maßnahmen	Zusätzliche Bildungstage für Mitarbeiterinnen: mind. 6 Weiterbildungstage. Bei allen Bildungsangeboten für FK sind mind. 50% der Plätze für Frauen reserviert. Durch Weiterbildung sollen Mitarbeiterinnen in jenen Arbeitsfeldern speziell gefördert werden, in denen sie unterrepräsentiert sind.
Strategie	Gleichstellungsorientierung als durchgängig verankertes Prinzip im gesamten Bereich der Aus- und Weiterbildung.
Maßnahmen	Gendertrainings für Ausbildungsverantwortliche. Alle Weiterbildungsseminare – vor allem für FK – thematisieren Gender- und Diversity-Aspekte. Erwerb von Gender-Kompetenz während der Grundausbildung. Gender Mainstreaming ist in allen Modulen der Ausbildung integriert. Anteil der weiblichen Vortragenden mind. 50%. Integration von Gender in alle neuen und bestehenden Unterlagen und Materialien für die Aus- und Weiterbildung. Mind. einmal pro Jahr wird das Basisseminar „Grundlagen der Gleichstellung und Frauenförderung im AMS" angeboten.

| | Gleichbehandlungsbeauftragte übernehmen auf Grund ihrer speziellen Funktion häufig Beratungs- und Coachingagenden. |

Tabelle 3: AMS – Chancengleichheit und Gleichstellungsförderung in der Aus- und Weiterbildung.
Quelle: AMS Gleichstellungs- und Frauenförderplan 2008–2013, S. 15ff.

Gleiche Entwicklungschancen für Mitarbeiterinnen und Mitarbeiter – gleiche Teilhabe an Ressourcen und Verantwortung

- Mind. 50% Frauenanteil bei allen Aufnahmen und allen Gehalts- und Verwendungsgruppen
- Anteil von Projektleiterinnen, Vortragenden entsprechend dem MitarbeiterInnenanteil in den Gehaltsgruppen V und VI, mind. jeweils 50%
- 50% Frauen in den Kommissionen
- Erhöhung des Frauenanteils in den Führungspositionen gemäß den zweijährlichen Zielvereinbarungen

Überprüfung:

- Equality Check, Balanced Scorecard
- Alle Personalrichtlinien bzw. Betriebsvereinbarungen werden im Rahmen der Gender-Mainstreaming-Analyse auf ihre gleichstellungsfördernde Wirkung überprüft und regelmäßig evaluiert.[39]

Strategie	Chancengleichheit bei der Aufnahme/Besetzung von Arbeitsplätzen. Entwicklungsmöglichkeiten und Mobilität aktiv fördern und Besetzungsvorgänge transparent gestalten.
Maßnahmen	Alle Ausschreibungen (auch die internen) öffentlich (Intranet), um Entwicklungsmöglichkeiten und Mobilität der MA aktiv zu fördern – auch MA in Karenz.
Positionen der Gehaltsstufe VI unterliegen der Frauenförderung bis zur Erreichung der 50%. Beteiligung – regelmäßiges Controlling.
Bereitschaft, Gleichstellungsziele des AMS mitzutragen sind Teil des Anforderungsprofils an neue MA.
Ausschreibungen werden diskriminierungsfrei formuliert.

---

[39] Vgl. AMS Gleichstellungs- und Frauenförderplan 2008–2013, S. 19

	BewerberInnen mit Betreuungspflichten oder TZ-Wünschen werden im Bewerbungsgespräch über Möglichkeiten informiert – v.a. Möglichkeiten während der Grundausbildung. FK achten bereits bei der Aufnahme auf das Potenzial und Interesse von Frauen, später Führungspositionen zu übernehmen. Informationspflicht der Personalabteilung an Gleichbehandlungsbeauftragte bez. interner und externer Ausschreibungen, sowie Besetzungsergebnisse.
Strategie	Verantwortung der Führungskräfte für berufliche Entwicklung und Gleichstellung: MitarbeiterInnengespräch.
Maßnahmen	FK zeigen in MitarbeiterInnengesprächen individuelle Entwicklungsmöglichkeiten auf. Im MitarbeiterInnengespräch mit den jeweiligen Vorgesetzten der FK wird das Führungsverhalten speziell in Hinblick auf Gleichstellungskompetenz thematisiert.
Strategie	Die Potenziale der MA fördern und Gleichstellung in den beruflichen Laufbahnen gewährleisten.
Maßnahmen	FK achten bei der Gestaltung von Arbeitsplätzen, inwieweit diese berufliche Entwicklungschancen beinhalten. FK achten besonders in Sparten, in denen Frauen traditionellerweise unterrepräsentiert sind, darauf, Bewerberinnen einzuladen. Jobrotation: MA erhalten die Möglichkeit ihre individuelle Laufbahn zu gestalten. Die Arbeitsgruppe Gleichbehandlung initiiert einen Good-Practice-Austausch über Pilotprojekte. FK führen mit Frauen, die Führungspotenzial zeigen, ein Laufbahngespräch und treffen entsprechende Fördervereinbarungen, die dem Lenkungsteam zur Frauenförderung übermittelt werden.
Strategie	Gleiche Beteiligung an Verantwortung fördern: Projektarbeit/Sonderfunktionen/Kommissionen.
Maßnahmen	Ausschreibung der Leitung von organisationsübergreifenden Projekten und Arbeitsgruppen. Im Rahmen der Frauenförderung werden Frauen bevorzugt mit der Leitung von Projekten beauftragt. Projektleitung achtet auf ein ausgewogenes Besetzungsverhältnis von Frauen und Männern in der Mitarbeit am Projekt. Ausgewogenes Geschlechterverhältnis von TrainerInnen. Controlling des Anteils weiblicher Vortragender in allen Ausbildungstagen. Überall dort, wo die Zusammensetzung von Kommissionen oder Arbeitsgruppen bislang an bestimmte Funktionsträger geknüpft ist

	und dadurch keine Frau vertreten wäre, ist die Regelung zu ändern oder sind Gleichbehandlungsbeauftragte oder geeignete MitarbeiterInnen (Frauenreferentinnen, GM-Beauftragte) als beratende Sachverständige hinzuzuziehen.
Strategie	Mehr Chancen für Frauen bei der Besetzung von Führungspositionen: Bis zur Erreichung von 50% Frauen in allen Führungspositionen gilt das Gebot Frauenförderung nach Maßgabe der jeweiligen Zielvereinbarungen.
Maßnahmen	Bewerbungen von Frauen und Männern in Elternkarenz oder TZ werden gleichrangig berücksichtigt. Gleichartige Positionen sind annähernd gleich auszuschreiben, um dadurch Chancengleichheit für BewerberInnen zu erreichen – nur arbeitsplatzrelevante Anforderungen. Position ist in Hinblick auf die Teilbarkeit zu analysieren. Vierwöchige transparente Bewerbungsfrist. Anforderung bzw. Nachweise für Genderbewusstsein ist verbindlich für BewerberInnen um Führungspositionen (z.B. Equality-Management-Seminar etc.). Die Mitglieder der Begutachtungskommission sind in Hinblick auf gendersensible Kriterien zu schulen. 50% der VertreterInnen des Dienstgebers AMS sind Frauen. Die Gleichbehandlungsbeauftragte hat beratende Stimme. Der Betriebsrat unterstützt die ausgewogene Beteiligung von Frauen. Alle BewerberInnen werden über ihre Rechte nach dem Bundesgleichbehandlungsgesetz informiert. Wenn die Bestellung der FK durch das Landesdirektorium erfolgt, ist diesem die Stellungnahme der Gleichbehandlungsbeauftragten nachweislich zur Kenntnis zu bringen.
Strategie	Berufsunterbrechung als Lernchance und Förderung des Wiedereinstiegs – kein andauernder beruflicher Nachteil aus der Inanspruchnahme einer Karenzierung aus familiären Gründen.
Maßnahmen	Gespräch mit FK vor dem vorübergehenden Ausstieg sowie ca. 3 Monate vor dem geplanten Wiedereinstieg ein Orientierungsgespräch. Information ergeht an die Gleichbehandlungsbeauftragte. Möglichkeit, während der Karenz zu Projektaufgaben oder auf geringfügiger Basis weiterzuarbeiten. MitarbeiterInnen sind eingeladen, während der Karenz an Weiterbildungen oder Maßnahmen der Karriereförderung teilzunehmen – Anteil wird im Gleichbehandlungsbericht angeführt. Die in Elternkarenz erworbenen Fähigkeiten werden gleichrangig anerkannt.

	Berufsunterbrechungen von Frauen und Männern werden positiv bewertet und dürfen keinen Nachteil gegenüber durchgehender Karriere darstellen.
Strategie	Entgelt/Einstufungen: Die Leistung von weiblichen und männlichen Beschäftigten wird gleich bewertet.
Maßnahmen	Bewertung von Arbeitsplätzen sowie das darauf aufbauende Entlohnungssystem sind diskriminierungsfrei zu gestalten. Aufstiegschancen sind von allen gleich bewerteten Arbeitsplätzen gegeben. Entwicklungschancen sind auf allen Arbeitsplätzen zu fördern. Bei der Anordnung bzw. Abgeltung von Überstunden oder Mehrleistungsstunden ist auf Gleichstellung zu achten. Die zeitlichen Erfordernisse von MA mit Betreuungspflichten sind zu berücksichtigen. Leistungsabgeltung durch Prämien ist diskriminierungsfrei zu gestalten – keine Benachteiligung durch Teilzeitarbeit.
Strategie	Förderliche Arbeitsatmosphäre und Schutz vor sexueller Belästigung.
Maßnahmen	FK sind dafür verantwortlich, dass in Büros und allen öffentlich zugänglichen Bereichen keine Darstellungen geduldet werden, die die Würde des Menschen und speziell von Frauen herabsetzen (Poster, Kalender etc.). Personalabteilung der Bundesgeschäftsstelle und Arbeitsgruppe für Gleichbehandlung erstellen einen Leitfaden für Personalverantwortliche, welche Schritte im Falle einer sexuellen Belästigung zu setzen sind.

Tabelle 4: AMS – Strategien und Maßnahmen für gleiche berufliche Entwicklungsmöglichkeiten für Frauen und Männer.

Quelle: AMS Gleichstellungs- und Frauenförderplan 2008–2013, S. 19ff.

4.1.4 Veränderungsschritte und deren Auswirkungen

Zielvereinbarungen und gesetzte Maßnahmen sind nur dann von Bedeutung, wenn diese relevante Veränderungen herbeiführen und Auswirkungen auf die betreffende Organisation und deren MitarbeiterInnen haben. Einerseits wird dieser Frage im Rahmen der AMS-internen Equality Checks nachgegangen, andererseits wurde sie im Rahmen dieser Studie mittels Interviews und Gruppendiskussionen einigen MitarbeiterInnen und Führungskräften des AMS gestellt.

Fakten und Daten:
Ergebnisse der MitarbeiterInnen-Befragung 2006

Regelmäßig werden im AMS MitarbeiterInnenbefragungen durchgeführt, um den Stand der Gleichstellung und Bedürfnisse der MitarbeiterInnen zu erheben, um gegebenenfalls Maßnahmen anzupassen und zielgruppenorientierte Angebote setzen zu können. Befragt wurden alle zu diesem Zeitpunkt im AMS tätigen Personen. Auf Basis der Ergebnisse dieser MitarbeiterInnenbefragung sowie den Equality Checks wurden die Ziele für den aktuellen Gleichstellungs- und Frauenförderungsplan 2008–2013 formuliert.

Die Ergebnisse der MitarbeiterInnenbefragung 2006:

Vereinbarkeit von Beruf und Privatleben/flexible Arbeitszeit

Es gibt eine hohe Zufriedenheit über Ausmaß und Einteilung der Arbeitszeit. 64% der Frauen und 95% der Männer arbeiten Vollzeit.

Für 85% der Befragten passt das jeweilige Beschäftigungsausmaß genau, 10% möchten Stunden reduzieren und 5% würde gerne mehr Stunden arbeiten. 95% aller befragten Personen kann Gleitzeit in Anspruch nehmen.

Karriereplanung

Ein deutlicher Gender Gap zeigt sich allerdings hinsichtlich der Karriereplanung und Karrierechancen der MitarbeiterInnen. 24% der Frauen und 30% der Männer würden gerne mehr Verantwortung übernehmen. Änderungswünsche bestehen vor allem bei den StellvertreterInnen (37%). Gespräche über Karrierewünsche haben bereits 70% der Befragten geführt. 30% der Frauen, aber nur 15% der Männer haben nach dem Gespräch bereits erste Schritte gesetzt. Dafür sagen 42% der Männer und nur 28% der Frauen, dass es gerade keine passende Lösung gäbe.

Innerhalb der nächsten 5–10 Jahre erwarten 10% der Frauen und 38% der Männer unter 30 Jahren, dass sie mit einer Führungsposition betraut werden. Während Frauen dafür aktiv werden und Schritte setzen (Weiterbildung, Coaching, …), warten Männer eher auf eine passende Gelegenheit. Tatsächlich werden auch 9% der Männer, aber nur 4,3% der Frauen innerhalb von 5–15 Jahren Führungskraft. Nach 15 Jahren AMS-Erfahrung haben 39% der Männer und 14% der Frauen eine Führungsposition erreicht.

MitarbeiterInnengespräch

In 88% der MitarbeiterInnengespräche wurde von Seiten der Führungskräfte das Thema Weiterbildung angesprochen. Auf die Themen berufliche Laufbahn und Vereinbarkeit von Beruf und Familie wurde allerdings nur in etwa der Hälfte der Gespräche eingegangen – bei beiden Themen etwas häufiger mit Frauen. Auch bei Personen mit Kinderbetreuungspflichten wurde die Vereinbarkeit nur in 56% der Fälle angesprochen.

Gleichstellung im AMS

90% der weiblichen und 80% der männlichen Befragten wissen, an wen sie sich im AMS bei Fragen oder Problemen zur Gleichstellung wenden können. Die bekannteste Maßnahme des Gleichstellungs- und Frauenförderungsplanes ist jene, Arbeits- und Projektgruppen gleichermaßen mit Frauen und Männern zu besetzen: mehr als zwei Drittel der Befragten kennen diese Maßnahme. Das Mentoringprogramm für Frauen kennt etwa die Hälfte der Befragten. Die Möglichkeit für zusätzliche Weiterbildungstage und das Bewerbungscoaching ist nur vier von zehn Befragten bekannt. Alle Maßnahmen sind Frauen und Männern in etwa gleich geläufig.

Benachteiligung und Übergriffe

Benachteiligungen auf Grund des Geschlechtes bekunden (mit Ausnahme in der Bundesgeschäftsstelle) Männer häufiger als Frauen: 39% der Männer und 17% der Frauen haben sich im AMS schon einmal auf Grund ihres Geschlechts benachteiligt gefühlt. Als Maßnahme zur Gleichstellung der Geschlechter würden männliche AMS-Mitarbeiter vor allem wieder die Männer mehr in den Vordergrund rücken. Frauen äußern zu einem erheblichen Teil ihre Zustimmung zu den bestehenden Maßnahmen. Sie würden allerdings mehr für die Bewusstseinsbildung tun, die Führungskräfte als Vorbilder gewinnen und dafür sorgen, dass mehr Frauen ins Top-Management kommen.[40]

Interviews: Wahrnehmungen zum Gleichstellungsprozess

In Gruppen- und Einzelinterviews mit Führungskräften und MitarbeiterInnen des AMS wurden nochmals die wichtigsten Schritte zur Umsetzung von Gleichstellung in Bezug auf die Unternehmenskultur, -struktur, die Besetzung von Gremien und Personalpolitik erfragt. Ebenso wurde die Einschätzung der Gleichbehandlungsbeauftragten zu den wichtigsten Instrumentarien und Vorgehensweisen des Gleichstellungsprozesses erhoben.

Kulturelle Auswirkungen

Nach Einschätzung aller interviewten Personen sind Gender Mainstreaming und Gleichstellung bereits fest in der Unternehmenskultur des AMS verankert.

Grundlage und Basis dafür bildet die Aufnahme der Gleichbehandlung von Frauen und Männern als Grundsatz ins Leitbild des AMS.

Verantwortlich für die erfolgreiche Umsetzung und Integration ins AMS ist der Auftrag „top down": Die Vorstandsebene steht hinter dem Prozess und gestaltet ihn aktiv mit.

Durch gezielte Führungskräfteschulungen wird der Prozess auf allen Ebenen von den jeweils leitenden Personen mitgetra-

---

[40] Vgl. Interner Bericht des AMS: „Ergebnisse der MitarbeiterInnen-Befragung zum Gleichstellungs- und Frauenförderplan 2007, S. 1ff

gen und an die MitarbeiterInnen kommuniziert. Darüber hinaus werden MitarbeiterInnen in regelmäßigen Abständen über den aktuellen Stand der Gleichstellung in Form von Gender-Reports informiert. Regelmäßige MitarbeiterInnenbefragungen stellen sicher, dass Gleichstellung von den leitenden Personen und dem Kollegium umgesetzt wird.[41]

Sichtbar wird Gender Mainstreaming im AMS durch unterschiedliche Maßnahmen:

Gesetzte Maßnahmen	Auswirkungen
Gender Mainstreaming (GM) in der Grundausbildung.	Ein Vormittag ist ausschließlich GM gewidmet. Integration in allen Skripten. Verpflichtende Gender-Schulungen für Lehrende.
Erhöhung der Weiterbildungstage für Frauen.	Förderung der Frauen im Unternehmen. Erhöhung des Anteils weiblicher Führungskräfte.
Karriereförderungsplan für Frauen.	Förderung der Frauen im Unternehmen. Erhöhung des Anteils weiblicher Führungskräfte.
Verpflichtende Weiterbildung zu Gender.	Wissen zu Gender bei allen MitarbeiterInnen und Führungskräften.
Verschriftlichung der Bedeutung von Gleichstellung in den einzelnen Arbeitsprozessen des AMS (z.B. Service für Arbeitssuchende).	Verschriftlichung bildet eine Grundlage. Heruntergebrochene Ziele in jedem Arbeitsgebiet.
Auf Initiative der Frauenabteilung wurden Schritte für mehr Transparenz bei Ausschreibungen unternommen – Stellenangebote sind diskriminierungsfrei zu gestalten.	Positive Entwicklung für Frauen und Männer: Förderung des Führungskräftenachwuchses, Einrichtung von FK-Entwicklungspools. Arbeitszeitvereinbarungen: TZ-Arbeit und auch TZ-Führungspositionen sind möglich und dürfen nicht zu Benachteiligungen führen.

---

[41] Vgl. im AMS geführte Interviews (Stockhammer, Alder) 2010

Gesetzte Maßnahmen	Auswirkungen
Erhebung der Wünsche der MA bezüglich Arbeitszeitregelungen.	Flexibilisierung der Arbeitszeit – weg von Kontrolle der MA bez. Anwesenheit hin zu Aufgabenerfüllung. Ermöglichung von Telearbeit und Gleitzeit. Ermöglichung der Vereinbarkeit von Beruf und Familie.
Evaluierung der Rahmenbedingungen für „Teilzeitführung" unterstützt durch die höchste Managementebene.	Maßnahmen für Frauen und Männer, die „Teilzeitführung" ermöglichen.
Kommunikation der Erwünschtheit von Karenz und TZ-Arbeit von Männern. Schaffung von förderlichen Rahmenbedingungen wie Telearbeit.	Bisher kaum eine Erhöhung des Anteils männlicher Karenznehmer oder TZ-Arbeitenden.

Tabelle 5: AMS – Maßnahmen und Auswirkungen von Gender Mainstreaming.

Quelle: im AMS geführte Interviews (Stockhammer, Alder) 2010.

Strukturelle Auswirkungen

Zur strukturellen Verankerung des Themas wird im AMS die Kommunikation mit dem Vorstand und der Führungsebene forciert. Zielvereinbarungen und Maßnahmen, die im Frauen- und Gleichstellungsförderplan festgeschrieben sind, werden von der Top-Ebene „erlassen" und an die MitarbeiterInnen kommuniziert. Gleichstellungspolitik und Gender Mainstreaming ist somit fix ins Unternehmen integriert und wird als nichts Zusätzliches wahrgenommen. Förderlich bislang war, dass es keine hohe Fluktuation auf Vorstandsebene gab und sich somit bereits auf ein etabliertes Netzwerk zurückgreifen lässt.

Als Ansprechpartnerinnen wurden im AMS neun Gleichbehandlungsbeauftragte auf Landesebene und Kontaktfrauen in den einzelnen Regionalstellen installiert. Zur Klärung ihrer Rolle wurde eine Gleichbehandlungsbeauftragten-Richtlinie erlassen.

Bei der Nominierung der Kontaktfrauen wurde darauf geachtet, dass diese eine gute kommunikative Arbeitsbasis mit der Regionalstellenleitung haben.

Wichtig war auch, die Funktionen Kontaktfrau – Frauenreferentinnen zu trennen, um eine Doppelfunktion und eine Gleichsetzung von Gleichstellungszielen mit Frauenförderung zu vermeiden. Die Funktionen der Gleichbehandlungsbeauftragten und Kontaktfrauen sind aktuell im AMS rein weiblich besetzt, doch auch Männer können selbstverständlich mit ihren Anliegen zu ihnen kommen.

Auf Grund der Zielvereinbarung hinsichtlich der Anhebung des Anteils der weiblichen Führungskräfte ist ihr Anteil in den vergangenen Jahren um rund 21% auf derzeit 40,1% gestiegen. Das Ziel „Anhebung des Frauenanteils in leitenden Positionen" ist als explizites Ziel in der Balanced Scorecard integriert.

Pionierhaft war in den letzten Jahren auch der innovative Vorstoß der Gleichbehandlungsbeauftragten zur Einführung einer flexiblen Arbeitszeitregelung im Unternehmen. Daraus konnten sowohl Frauen als auch Männer in der Abteilung einen Nutzen ableiten. Zudem veränderte sich die Unternehmenskultur von einer Arbeitshaltung der „Präsenz und Anwesenheit" zu verstärkter „Ergebnisorientierung".[42]

Auswirkung auf Besetzung der Gremien

Es gibt klare Zielvorgaben in Bezug auf die Besetzung von Gremien. Ziel ist es, in der Begutachtungskommission, im Verwaltungsrat und im Landesdirektorium Gremien mit jeweils 50% Frauen und Männern zu besetzen. Allerdings gelingt dieses Vorhaben AMS-intern „leichter" als in den Gremien, die von Sozialpartnern besetzt werden (Verwaltungsrat, Landesdirektorium, …), weil diese Besetzungen von der „Entsendungspolitik" der Sozialpartner abhängen.

---

[42] Vgl. im AMS geführte Interviews (Stockhammer, Alder, 9 Gleichbehandlungsbeauftragte, Maurer, Fischer, Jedlicka) 2010

Als Fortschritt kann vermerkt werden, dass es im Verwaltungsrat mittlerweile eine Frau in einer Hauptposition und viele Stellvertreterinnen gibt, die im Fall von Vertretung präsent sind.

Innerhalb des AMS hat sich als besonders wichtig erwiesen, Frauen mit Funktionen zu betrauen, da dies eine Voraussetzung für die Nominierung einer Führungsposition darstellt. Zudem ist der Betriebsrat aufgefordert, Frauen in Führungspositionen zu unterstützen. Die mittlerweile gute Vernetzung zum Betriebsrat hat sich als ein wichtiges strategisches Instrumentarium bei der Umsetzung von Gender-Vorhaben erwiesen.[43]

Auswirkungen in der Personalentwicklung

Wie im vorhergehenden Kapitel bereits genauer beschrieben, lag der Fokus für Gleichstellung im AMS von Anfang an auf der Personalentwicklung und auf dem Personalmanagement. Wichtige Maßnahmen und Instrumentarien der Personalentwicklung waren bzw. sind:

- Die Recruiting-Richtlinie – Beachtung des Genderaspekts bei Besetzungen (z.B. diskriminierungsfreie Ausschreibungen).
- Das MitarbeiterInnengespräch.
- Die Analyse der Rahmenbedingungen zur Nutzung des Weiterbildungsangebots.
- Ein reichhaltiges internes Weiterbildungsangebot, das teilweise geschlechtsspezifische Angebote (nur für Frauen und nur für Männer) bereitstellt.
- Die Sensibilisierung der Ausbildungsverantwortlichen.
- Die Installation von Frauen als Projektleiterinnen, um besonders Frauen Erfahrungen in Führungspositionen zu ermöglichen und ihnen so einen Vorteil für die Führungskräftebewerbung zu verschaffen.[44]

---

[43] Vgl. ebenda
[44] Vgl. im AMS geführte Interviews (Stockhammer, Alder) 2010

4.1.5 Auswirkung und deren Nutzen

Die Mitarbeiterinnen des AMS sind durch die Gleichstellungsaktivitäten ihrer Organisation beruflich selbstbewusster geworden. Sie bewerben sich häufiger für Führungs- und Projektleiterinnenpositionen. Die Bevorzugung von Männern bei gleicher Qualifikation ist im AMS mittlerweile ausgeschlossen. Alle Bewerbungen werden transparent ausgeschrieben und Stellen allein auf Grund von Qualifikationen vergeben.

Veränderung in der Führungskultur

Durch den Implementierungsprozess von Gender Mainstreaming wurden im AMS auch Nachwuchsförderung und die Qualität der Führungsarbeit thematisiert. Generell gab es dadurch eine Veränderung in der Führungskultur, von der letztlich alle im Unternehmen profitieren.

Flexibilisierung der Arbeitszeiten – Positives Arbeitsklima – Steigerung des Verantwortungsgefühls

Auf Grund der Flexibilisierung der Arbeitszeiten, MitarbeiterInnengespräche und der Eröffnung von Perspektiven für den/die einzelne/n MitarbeiterIn hat sich die Unternehmenskultur im AMS hin zu mehr Transparenz und Kommunikation hin verändert. Die MitarbeiterInnen übernehmen mehr Verantwortung über ihren Tätigkeitsbereich und machen nicht nur Arbeit nach Vorschrift. Insgesamt wird das Arbeitsklima im AMS als angenehm beschrieben. Einerseits ist das auf die gute Vereinbarkeit von Beruf und Familie im AMS zurückzuführen und andererseits auch auf die Transparenz von Kollektivverträgen und Bewerbungen, die Neid zwischen den MitarbeiterInnen verhindert und so ein positives Arbeitsklima fördert.

Karriereförderung forciert

Außerdem wurde durch unterschiedliche Karriereförderungs- und Weiterbildungsmaßnahmen das Einsatzspektrum der MitarbeiterInnen vergrößert, was der Organisation zugute kommt.

Gemischte Teams

Hervorzuheben ist auch, dass es durch den Gleichstellungsprozess im AMS zumeist gemischtgeschlechtliche Teams gibt (z.B. Mann – Abteilungsleiter, Frau – Stellvertreterin oder umgekehrt), was dem Arbeitsklima und der Arbeitsfähigkeit insgesamt zugute kommt.

Nutzen für KundInnen

Gleichzeitig nützt die Implementierung von Gender Mainstreaming den KundInnen des AMS. Einerseits ist Gleichstellung Thema in der Beratung und andererseits ist es den BeraterInnen möglich, das in der Organisation selbst Gelebte nach außen zu transportieren. Das AMS profitiert davon, dass es ein Vorzeigeunternehmen in Bezug auf die Gleichbehandlung von Frauen und Männern ist. Auch bei der Beauftragung anderer Unternehmen ist das AMS darauf bedacht, zu zeigen, dass eine Gleichstellungsorientierung Nutzen für das Unternehmen bringt.[45]

4.1.6 Prozess- und Ergebnissicherung

Wichtiger Teil des Umstrukturierungsprozesses sind Qualitätskontrollen. Gleichstellungsziele werden vierteljährlich kontrolliert. Zudem gibt es Equality Checks, die jedes Jahr Bericht über den regionalen IST-Stand der Gleichstellung in allen Bereichen des AMS erstatten.

Auf Grund der regionalen Analysen werden Stärken und Verbesserungspotenziale identifiziert, die einerseits als Good Practice kommuniziert und aus denen andererseits konkrete Ziele abgeleitet werden. Alle MitarbeiterInnen werden darüber informiert. Mittlerweile sind außerdem Gleichstellungsinhalte in die Balanced Scorecard eingeflossen, nach der sich die Prämienaus-

---

[45] Vgl. im AMS geführte Interviews (Stockhammer, Alder, 9 Gleichbehandlungsbeauftragte, Maurer, Fischer, Jedlicka) 2010

schüttung in den einzelnen Regionalstellen richtet. Die Berichtlegung aller Evaluierungen und Qualitätskontrollen im AMS machen bei Nicht-Erfüllung Rechtfertigung notwendig.

Zudem gibt es eine jährliche MitarbeiterInnenbefragung („Wie geht's?"), die die Zufriedenheit der MitarbeiterInnen erhebt und offene Wünsche berücksichtigt.

Eine direkte Qualitätskontrolle und eine Möglichkeit der Förderung der MitarbeiterInnen bieten MitarbeiterInnengespräche. Weiters gibt es eine Vielzahl an internen und externen Richtlinien im AMS, die konkrete Ziele für unterschiedliche Vorgehensweisen und Positionen vorsehen.[46]

Ergebnisse des Equality Check 2009 (Datenbasis 2008)

Exemplarisch werden nun einige Ergebnisse des Equality Checks 2009 angeführt. Die Ergebnisse des Equality Checks sind wichtige Grundlage für Anpassungen in den Zielvereinbarungen und den Maßnahmen des Frauen- und Gleichstellungsförderplans.

	Ziel (in %)	2008 (in %)
Burgenland	9,6	7,0
Kärnten	4,1	2,0
Niederösterreich	7,1	6,9
Oberösterreich	6,4	5,0
Salzburg	6,9	4,4
Steiermark	7,9	7,5
Tirol	9,2	8,0
Vorarlberg	8,3	8,2
Wien	10,9	12,9
BGS	12,3	17,9

Tabelle 6: AMS – Männer und Teilzeit.

Quelle: AMS – Equality Check 2009.

---

[46] Vgl. im AMS geführte Interviews (Stockhammer, Alder, 9 Gleichbehandlungsbeauftragte, Maurer, Fischer, Jedlicka) 2010

	Frauenanteil KV/6 2007 (in %)	2008 (in %)
Burgenland	32	32
Kärnten	23	25
Niederösterreich	51	50
Oberösterreich	39	38
Salzburg	46	46
Steiermark	39	39
Tirol	30	29
Vorarlberg	42	42
Wien	55	57
BGS	45	49
Österreich	45	44

Tabelle 7: AMS – Teilhabe an Verantwortung (Neuaufnahmen in KV6: 60% Frauenanteil).

Quelle: AMS – Equality Check 2009.

	Männer	Frauen	Frauenanteil
Burgenland	3	1	25%
Kärnten	3	2	40%
Niederösterreich	3	4	57%
Oberösterreich	2	3	60%
Salzburg	6	6	50%
Steiermark	4	8	67%
Tirol	4	4	50%
Vorarlberg	7	2	22%
Wien	6	9	60%
BGS	3	1	25%
Österreich	41	40	49% (2007: 48%)

Tabelle 8: AMS – Frauen in Kommissionen (die gesetzliche Vorgabe ist 50%[47]).

Quelle: AMS – Equality Check 2009.

---

[47] Vgl. AMS interne Powerpointfolien 2008

4.1.7 Förderliche und hemmende Kriterien bei der Umsetzung

Top down

Unabdingbar war bzw. ist ein klarer Auftrag „top down" und die enge Zusammenarbeit der Gleichstellungsbeauftragten und der Abteilung „Arbeitsmarktpolitik für Frauen" mit dem Management. Alle Broschüren und Richtlinien wurden auch vom Vorstand (und den LandesgeschäftsführerInnen) unterzeichnet, um den Top-down-Prozess für alle sichtbar zu machen und die Wichtigkeit des Anliegens zu unterstreichen. Als sehr förderlich für die interne Umsetzung von gleichstellungspolitischen Zielen hat sich weiters die gute Kooperation mit dem Betriebsrat erwiesen.

Erarbeitung von konkreten Zielvereinbarungen – Festlegung von Indikatoren – Ergebnissicherung

Zielvereinbarungen machen Erfolg/Misserfolg messbar und ermöglichen ein permanentes Monitoring und gegebenenfalls Anpassungen. Im AMS gibt es ein vierteljährliches Controlling, jährliche Equality Checks und regelmäßige MitarbeiterInnenbefragungen, die den Fortschritt abbilden und die immer wieder die Grundlage für neue Zielvereinbarungen darstellen.

Integration in vorhandene Strukturen auf allen Ebenen – Anbindung an die Organisation

Wichtig für den Erfolg der Gleichstellungspolitik im AMS ist die integrative Koppelung von Zielen an das „operative Geschäft". Ziele, Vorhaben und Inhalte müssen auf allen Ebenen (auch schriftlich) integriert und für den jeweiligen Arbeitsprozess heruntergebrochen werden. Die permanente integrative Anbindung an Entscheidungsabläufe der Organisation vermindert den Widerstand bei der Umsetzung und macht es möglich abzuschätzen, welche Veränderungen und Vorhaben der Organisation zumutbar sind und wo es sich lohnt, kompromissbereit zu sein oder noch etwas zuzuwarten.

Hervorzuheben ist auch, dass „Gleichbehandlungsangebote" für alle MitarbeiterInnengruppen erstellt werden. Damit wird sichergestellt, dass nicht nur Führungskräfte mit dem Thema befasst sind.

Nutzen kommunizieren

Im AMS wird darauf geachtet, dass der Nutzen von Gleichstellungsmaßnahmen an alle MitarbeiterInnen transparent kommuniziert wird. Öffentlichkeitsarbeit im Unternehmen ist eine wichtige Grundlage für den Erfolg der Implementierung von Gender Mainstreaming. Auch kleine Schritte werden an die MitarbeiterInnen rückgekoppelt, um diese in den Prozess einzubinden.

So wird im AMS beispielsweise der weibliche Führungskräfteanteil, die Möglichkeit der Teilzeit-Führung, Teilzeitarbeit im Allgemeinen, Weiterbildungsangebote etc. besonders hervorgehoben.

Bereitstellung von Strukturen zur Umsetzung von Gleichstellung

Eine bedeutende Ressource für die strukturelle Implementierung von Gleichstellung und Gender Mainstreaming im AMS ist die Abteilung „Arbeitsmarktpolitik für Frauen". Diese fungiert als Know-how-Trägerin, als Koordinationsstelle, als Ort der Vernetzung und als Motor für die Umsetzung von Gender Mainstreaming. Die Erfahrungen haben auch gezeigt, dass es generell einfacher ist, etwas in andere Bereiche zu implementieren, wenn eine eigene Struktur dafür vorhanden ist.

Zur Etablierung eines flächendeckenden Netzwerks an Ansprechpersonen zum Thema Gleichstellung wurde in allen Geschäftsstellen eine Gleichbehandlungsbeauftragte nominiert. Dabei wurde die Rolle der Gleichbehandlungsbeauftragten und Kontaktfrauen so klar wie möglich formuliert und in Richtlinien verankert. Im AMS gibt es eine eigene Ausbildung für Gleichbehandlungsbeauftragte und Kontaktfrauen. Förderlich dabei sind die relativ stabilen Strukturen im AMS, die es ermöglichen, persönliche Kontakte und Netzwerke aufzubauen und zu nutzen. Generell zeigt sich im AMS, dass sich neben der inhaltlichen Arbeit auch konsequente Beziehungsarbeit lohnt.

Aus- und Weiterbildungen zu Gender Mainstreaming

Gender Mainstreaming wurde in die Grundausbildung integriert – zum einen in einem eigenen Vormittag und zum anderen integrativ in allen Skripten und Themenbereichen. Der Hintergrund dazu ist die Annahme, dass Gender Mainstreaming im Unternehmen nur dann getragen wird, wenn alle MitarbeiterInnen dieses Anliegen kennen und vertreten.

Zudem gibt es verpflichtende Gender-Weiterbildungen und eigene Weiterbildungen für Frauen und Männer im Unternehmen. Generell konnte mittels Zielvereinbarungen (mind. 6 Weiterbildungstage für Frauen) erreicht werden, dass auch Frauen verstärkt Weiterbildung im Unternehmen in Anspruch nehmen. Gleichzeitig wurde damit kommuniziert, dass Weiterbildung im AMS erwünscht ist.

Transparenz bei Bewerbungen

Auf Initiative der Abteilung „Arbeitsmarktpolitik für Frauen" wurden die Bewerbungsmodalitäten geschlechtergerecht gestaltet. Gleichzeitig gelang es, ein transparentes Bewerbungsverfahren mit klar definierten Anforderungsmerkmalen zu implementieren, dass allen MitarbeiterInnen gleichermaßen zugute kommt.

Zudem sind Gleichbehandlungsbeauftragte in das Bewerbungsverfahren involviert.

Erarbeitung eines flexiblen Arbeitszeitmodells

Aus der Sicht der Gleichbehandlungsbeauftragten ist eines der wichtigsten Ergebnisse des Gleichstellungsprozesses im AMS die Erarbeitung eines flexiblen Arbeitszeitmodells auf Basis einer MitarbeiterInnenbefragung.

Prioritäten setzen

Das AMS setzt in Gleichstellungsfragen Prioritäten. Grundlagen dafür bilden Datenanalysen, die den Handlungsbedarf in der Organisation klar ausweisen.

Ein Output einer dieser Datenanalysen war beispielsweise der Karriereförderungslehrgang für Frauen „Karriere neu", der die Bewerberinnenquote bei Führungspositionen erhöhen soll.

4.1.8 Ausblick – Was ist noch offen?

Folgende Gleichstellungsziele gilt es noch zu erreichen:

Den weiblichen Führungskräfteanteil erhöhen

Aktuell gibt es im AMS einen Anteil von 40% weiblichen Führungskräften, d.h. um den Zielvereinbarungen gerecht zu werden, müssten noch weitere 10% für Führungspositionen gewonnen werden. Generell sind Einkommensunterschiede zwischen Männern und Frauen auch im AMS, auf Grund der häufig niedrigeren Positionen von Frauen, noch vorhanden.

Väterkarenz und Teilzeitarbeit bei Kollegen erhöhen

Handlungsbedarf gibt es aus der Sicht der Gleichbehandlungsbeauftragten vor allem dahingehend, den Anteil der Männer in Teilzeitarbeitsverhältnissen und Karenz zu erhöhen. Hier müsste die Personalabteilung noch stärker in das Thema eingebunden werden. Außerdem müssten auch Vorgesetzte in den unteren Ebenen stärker gewonnen werden.

Vereinbarkeit von Beruf und Familie für Führungskräfte

Die Vereinbarkeit von Beruf und Familie, vor allem für Führungskräfte, ist stets ein aktuelles Thema im AMS.

Grundausbildung für MitarbeiterInnen mit Kindern erleichtern

Vor allem in der Grundausbildung gibt es noch Handlungsbedarf, da diese vor allem in Linz stattfindet und sich über den

Zeitraum von einem halben Jahr erstreckt. Es gibt zwar einen Kindergarten vor Ort, sobald die Kinder jedoch in die Schule gehen, gibt es keine Möglichkeit mehr, diese unterzubringen. Daher wäre es ein Anliegen, eine weniger standortbezogene Grundausbildung zu schaffen, die es Eltern mit Betreuungspflichten erleichtert, eine Karriere im AMS zu beginnen.

Diversity

Die KundInnen des AMS haben zu 60–65% einen Migrationshintergrund. Ähnlich wie es in Bezug auf Gleichstellung im AMS gelungen ist, müssten auch hier Bewusstsein über Diversity geschaffen werden und konkrete Zielvereinbarungen für z.B. Sprachseminare festgelegt werden.[48]

4.1.9 Conclusio

Insgesamt ist bislang der Implementierungsprozess von Gleichstellung und Gender Mainstreaming im AMS sehr erfolgreich verlaufen, was zum einen auf dem integrativen Ansatz der Abteilung Arbeitsmarktpolitik für Frauen und der Gleichstellungsbeauftragten und zum anderen auf die zielorientierte und breite Unterstützung durch das Top-Management zurückzuführen ist.

Grundlegend für den Erfolg der Gleichstellungspolitik waren darüber hinaus:
- Konkrete, quantifizierte und zeitlich definierte Zielsetzungen und Zielvereinbarungen
- Prozessbegleitendes Controlling und der Equality-Check
- Transparente Informationspolitik
- Kommunikation der Gleichstellungserfolge sowie Misserfolge im Unternehmen

---

[48] Vgl. im AMS geführte Interviews (Stockhammer, Alder, 9 Gleichbehandlungsbeauftragte, Maurer, Fischer, Jedlicka) 2010

- Personelle und finanzielle Ressourcen, die die Gleichstellungsarbeit forciert haben

Gleichzeitig waren bzw. sind die Einbeziehung der MitarbeiterInnen in die Entwicklung von Maßnahmen und die kontinuierliche und beharrliche Umsetzung sowie die Identifizierung und Priorisierung jener Bereiche, wo sich konkreter Handlungsbedarf im Unternehmen zeigt (Vereinbarkeit von Beruf und Familie, Wiedereinstieg, Weiterbildung für alle Beschäftigtengruppen, Bewerbungscoaching für Frauen etc.), wichtige Erfolgsfaktoren für die Implementierung von Gleichstellung im AMS.

Zudem hat sich gezeigt, dass es eine permanente Beziehungs- und Vernetzungsarbeit mit allen Beteiligten auf allen Ebenen braucht, um erfolgreich zu sein. Die Einbeziehung der BetriebsrätInnen und kontinuierliche Kommunikation mit dem Top-Management sowie die Präsenz der Gleichbehandlungsbeauftragten bei wichtigen Weichenstellungen und Entscheidungsprozessen hat im AMS zu einer hohen Akzeptanz des Themas im Unternehmen geführt.

Unübersehbar und vor allem merkbar sind die Auswirkungen in der Unternehmenskultur des AMS:

- Verbesserung des Arbeitsklimas
- Offene und transparente Kommunikations- und Abstimmungsprozesse
- Transparente Bewerbungsverfahren
- Personalentwicklungsmaßnahmen und MitarbeiterInnengespräche, die Potentiale der Einzelnen fördern und den Ausgleich zwischen Männern und Frauen schaffen
- Flexible Arbeitszeiten bzw. generell ein hoher Grad an Vereinbarkeit

Im Allgemeinen kann gesagt werden, dass die Gleichstellungsaktivitäten einen wichtigen Beitrag zur innovativen Entwicklung des AMS Österreich – von der Verwaltung zu einem modernen Dienstleistungsunternehmen – geleistet haben.

Die hohe Zustimmung zur Gleichstellungsorientierung im AMS, die sich in den Ergebnissen der regelmäßigen Befragungen aller MitarbeiterInnen zeigt, bestärkt das Unternehmen darin, einen erfolgreichen Weg fortzusetzen.[49]

4.2 Die Implementierung von Gender Mainstreaming in ver.di

ver.di hat als erste deutsche Gewerkschaft Geschlechterdemokratie als politische Zielgröße und Gender Mainstreaming als wesentliche geschlechterpolitische Strategie formell in der Satzung und in organisatorischen Strukturen verankert sowie notwendige Ressourcen dafür bereitgestellt. Allein aus diesen Gründen, aber auch wegen der im Vergleich zur Gewerkschaft vida ähnlichen Organisationsstrukturen und einer analogen historischen Entwicklung auf Grund der Implementierung von Gender Mainstreaming im Zuge eines Neugründungsprozesses, lohnt es, ver.di als vergleichende Organisation näher zu betrachten.

Mit rund 2,1 Millionen Mitgliedern ist ver.di eine der größten freien Einzelgewerkschaften der Welt. Als Vereinte Dienstleistungsgewerkschaft betreut sie Beschäftigte aus mehr als 1.000 Berufen.[50]

ver.di entstand 2001 durch den Zusammenschluss von fünf Einzelgewerkschaften, die bis auf die Deutsche Angestellten-Gewerkschaft dem Deutschen Gewerkschaftsbund angehörten:
- Deutsche Postgewerkschaft (DPG)
- Gewerkschaft Handel, Banken und Versicherungen (HBV)
- IG Medien – Druck und Papier, Publizistik und Kunst (IG Medien)
- Gewerkschaft Öffentliche Dienste, Transport und Verkehr (ÖTV)
- Deutsche Angestellten-Gewerkschaft (DAG)[51]

---

[49] Vgl. Stockhammer 2004, S. 132
[50] Vgl. http://international.verdi.de/ver.di_fremdsprachig/was_ist_ver.di_eine_einfuehrung (Zugriff 4. 2. 2010)
[51] Vgl. http://geschichte.verdi.de/vorlaeufer (Zugriff 4. 2. 2010)

Zur Organisationsstruktur:

Auf Bundesebene ist der Bundeskongress das höchste Organ von ver.di. Hier nehmen zu gleichen Teilen ehrenamtliche VertreterInnen der Ebenen und der Fachbereiche teil. Zwischen den Bundeskongressen ist der Gewerkschaftsrat das höchste Organ. Er besteht aus 100 ehrenamtlichen MitarbeiterInnen (= FunktionärInnen) und tagt viermal im Jahr. Der Bundesvorstand führt die Geschäfte von ver.di.

Die Landesbezirke mit dem Landesbezirksvorstand, der Landesbezirksleitung und den Landesbezirkskonferenzen übernehmen die Interessen der Mitglieder auf der Landesebene. Der Bezirksvorstand ist unter anderem zuständig für die Mitgliederwerbung im Bezirk, die Unterstützung der Betriebs- und Personalräte, Beratung und Rechtsschutz, Presse- und Öffentlichkeitsarbeit und die Pflege der Mitgliederdaten. Zugleich unterstützt der Bezirk die ehrenamtliche Arbeit, die beispielsweise in den Fachbereichen geleistet wird. Die Bezirke greifen dabei auf hauptamtliche GeschäftsführerInnen und deren Personal zurück. Der Ortsverein vertritt vor Ort die Interessen der Mitglieder und wählt Delegierte für den Bezirk.[52]

4.2.1 Der Implementierungsprozess

Mit dem Gründungskongress 2001 hat ver.di Geschlechterdemokratie als wesentliche Zielsetzung der Organisation in die Satzung aufgenommen und das Konzept Gender Mainstreaming als erste deutsche Gewerkschaft als Strategie dazu aufgegriffen.

Im Rahmen dieser Gründung wurde in der neuen ver.di-Satzung festgelegt, dass es einen Bereich Genderpolitik und einen Bereich Frauen- und Gleichstellungspolitik geben sollte. Zudem wurden Strukturen geschaffen, um den Implementierungspro-

---

[52] Vgl. http://aufbau.verdi.de/ebenen (Zugriff 4. 2. 2010)

zess zu verstärken. Gemischtgeschlechtliche Genderbeauftragte wurden in allen Ebenen und Fachbereichen eingesetzt.

Auslöser der Implementierung von Gender Mainstreaming in die Satzung war die Initiative der Frauenvorstände der Quellgewerkschaften. In der Gründungsphase waren ausschließlich die bezirklichen-, landesbezirklichen- und Bundesfrauenvorstände sowie deren hauptamtliche politische Sekretärinnen involviert. Diese haben Anträge an den Gründungskongress gestellt und an der Ausformulierung der Satzung mitgearbeitet.[53]

Zurückgegriffen werden konnte dabei auf die frauen- und gleichstellungspolitischen Strukturen und Gremien der fünf Gründungsorganisationen, die diese innovative Weiterentwicklung gewerkschaftlicher Gleichstellungspolitik politisch gewollt haben und entsprechende Positionen einbringen konnten.

Verwirklicht sollte Geschlechterdemokratie durch zwei parallele gleichstellungspolitische Strategien werden: einerseits durch Frauen- und Gleichstellungspolitik, andererseits durch Gender Mainstreaming. Während Frauen- und Gleichstellungspolitik an der strukturellen Benachteiligung von Frauen ansetzt, ist bei Genderpolitik der Blick auf politische und organisationale Prozesse, Planungen und Entscheidungen gerichtet und bezieht alle AkteurInnen durch alle Hierarchiestufen mit ein. Gender Mainstreaming betrifft alle – sowohl handelnde Personen wie auch Zielgruppen der Gleichstellungspolitik. Beide Male sind neben den Frauen nun auch explizit Männer angesprochen.[54]

Auf Grundlage eines Bundesvorstandsbeschlusses wurde ein eigenständiger Bereich Genderpolitik eingerichtet und parallel zum Bereich Frauen- und Gleichstellungspolitik unter der Leitung der stellvertretenden Bundesvorsitzenden angesiedelt.

2001 fasste der Bundesvorstand den Beschluss, den Bereich Genderpolitik mit eigenem Personal und eigenen Mitteln auszustatten und mit zwei hauptamtlichen Genderbeauftragten zu be-

---

[53] Vgl. in ver.di geführtes Interview (Lindner) 2010
[54] Vgl. Klett, Schulz-Müller 2006, S. 15

setzen, die als paritätische Bereichsleitung fungieren, ebenso wie mit einer Stelle für Sachbearbeitung. Der Beschluss beinhaltete zudem eine Aufgaben- und Funktionsbeschreibung.

Das Team der beiden Genderbeauftragten setzt sich bewusst gemischtgeschlechtlich zusammen. Inhaltlich kommt diesem Bereich die Aufgabe zu, Gender Mainstreaming als politische Strategie in der Gesamtorganisation einzuführen – das heißt in allen Politikfeldern, Ebenen und Fachbereichen zu etablieren und voranzutreiben.[55]

4.2.2 Die Ziele und deren Umsetzung

Übergeordnetes Ziel in ver.di war es – aufbauend auf eine Doppelstrategie aus Frauen- und Gleichstellungspolitik und Gender Mainstreaming –, eine Organisationskultur zu schaffen, die die relevanten Themen der Gleichstellung von Frauen und Männern in allen ihren Arbeitsprozessen berücksichtigt.

So sollte Chancengleichheit von Frauen und Männern und eine Veränderung der hierarchischen Struktur von Geschlechterverhältnissen gleichzeitig und verzahnt herbeigeführt werden.

Gender Mainstreaming als neue geschlechterpolitische Strategie definiert für ver.di ein neues Politikfeld: Genderpolitik. Diese hat thematisch in der Organisation einen Stellenwert, insbesondere in der Wirkung nach außen, weil Geschlechterdemokratie unmittelbar mit zentralen gewerkschaftlichen Zielvorstellungen einer gerechten und solidarischen Gesellschaft verknüpft ist.

Als Handlungsfeld nach innen hingegen musste sich Genderpolitik immer wieder erst legitimieren und behaupten. Zum einen deshalb, weil im Vergleich zu gewerkschaftlichen organisationspolitischen Kernthemen Gender Mainstreaming als „weiches" Thema, ohne Tradition und historisch gewachsener eigener Struktur neu implementiert wurde und zum anderen begeg-

---

[55] Vgl. ebenda, S. 13

nete man Gender Mainstreaming in ver.di zu Beginn grundsätzlich skeptisch oder gar mit abwehrender Haltung. Die Aufforderung, die eigenen Arbeitsprozesse und Ergebnisse zu überdenken, wurde quer durch alle Bereiche und Ebenen nicht selten als Zumutung und Angriff gewertet.

Gender Mainstreaming war darüber hinaus thematisch schwer fassbar und es war anfangs vor allem notwendig, Aufklärungsarbeit zu leisten.[56]

Bei der Umsetzung von Gender Mainstreaming in ver.di wurden bzw. werden folgende Methoden und Instrumentarien angewendet:

- Analyse- und Prüfungsinstrumente zur Erhebung des quantitativen wie des qualitativen Stands von Gender Mainstreaming in den einzelnen Bereichen
- Beratungs- und Unterstützungsinstrumente, die unmittelbar den KollegInnen zugute kommen und ihnen helfen sollen, Gender Mainstreaming in ihre konkrete Facharbeit zu integrieren. Im Kern geht es um ein Informations- und Weiterbildungsangebot.
- Kontroll- und Evaluationsinstrumentarien zur Bewertung von Erfolg/Misserfolg der Maßnahmen und zur Entwicklung von Verbesserungsvorschlägen.[57]

Die Umsetzung von Gender Mainstreaming in ver.di ist in unterschiedliche Phasen zu gliedern. In der Gründungsphase (2001–2003) wurde vor allem konzeptionelle Arbeit und Informationsarbeit geleistet, um unter dem Motto „Breite statt Tiefe" eine möglichst große Anzahl an Menschen für das Thema zu sensibilisieren. Parallel dazu wurden Informationsmaterialien und Arbeitshilfen zur Implementierung von Gender Mainstreaming entwickelt. Anschließend wurden eigene Projekte durchgeführt, um Best-Practice-Beispiele zu schaffen.

---

[56] Vgl. in ver.di geführtes Interview (Lindner) 2010
[57] Vgl. Klett, Schulz-Müller, 2006, S. 18

Seit 2003 wurde der Beratungsansatz zum Mitmachansatz. Die Teilnahme an Gender-Trainings beispielsweise sollte offensiv gefördert und bei Nichtberücksichtigung möglicherweise sanktioniert werden.

Im Einzelnen handelt es sich um folgende Maßnahmenbündel:

Phase 1 (2001–2003):
- Konzeptionelle Arbeit und Informationsarbeit
- Entwicklung von Umsetzungskonzepten, wie z.B. Weiterbildungsangebote zur Gender-Sensibilisierung und zur Qualifizierung von haupt- und ehrenamtlichen MitarbeiterInnen (Gender-Trainings)
- Aufbau von Beratungskompetenz in die Organisation und in die Betriebe hinein
- Initiierung und Begleitung von modellhaften Projekten
- Vernetzungsarbeit nach innen und außen – insbesondere Etablierung eines organisationsinternen Netzwerks von Genderbeauftragten in den Vorstandsressorts und Fachbereichen auf Bundesebene sowie in den Landbezirken bis zur Bezirksebene[58]

Ziele:
- Sicherstellung von Arbeitsstrukturen: Aufbau eines Netzwerkes an Genderbeauftragten in allen Bundesvorstandsressorts und Landesbezirken: Bis auf wenige Ausnahmen absolvieren diese ihre Arbeit als „zusätzliche" Aufgabe im Rahmen ihrer sonstigen Tätigkeiten.
- Erarbeitung von Konzepten zur Beratung, Information und Qualifizierung: Mit Hilfe von Beratungsgesprächen, Gender-Trainings und Informationsveranstaltungen
- Unterstützung von Ressorts und Projekten in ihrer fachlichen Arbeit durch Genderkompetenz: Konkrete Maßnahmen wurden meist projektbezogen durchgeführt z.B. die ver.di-Gesundheitskampagne für Männer.

---

[58] Vgl. Klett, Schulz-Müller 2006, S. 13

- Eigene Projekte zur weiteren Verankerung von Gender Mainstreaming: Aktivitäten rund um die Frage nach einem veränderten gewerkschaftlichen Männerbild. Fokus Vereinbarkeit von Familie und Beruf als Männerthema und Männer und Gesundheit

Phase II (seit 2003)
Ziele:
- Wechsel der Implementierungsstrategie: weniger Informieren, Sensibilisieren, Qualifizieren und Beraten zugunsten von mehr gezieltem Initiieren, Begleiten und Unterstützen
- Gender-Trainings: Sicherstellen des Mitmachens. Überlegung von Sanktionen bei Nicht-Besuch
- Netz der Genderbeauftragten: Einschätzungen und wechselseitige Erwartungen ausarbeiten. (Es gibt zwei Arbeitstagungen pro Jahr, die als sehr konstruktiv erlebt werden.)
- Erhöhung des Engagements der Genderbeauftragten: Schwierig, da tlw. Benennung zum/zur Genderbeauftragten nicht immer im Interesse des/der Betroffenen war und tlw. zu wenige Ressourcen für die Ausübung der Tätigkeit zur Verfügung stehen.
- Mobilisierung der Führungskräfte
- Kombination aus Top-down und Bottom-up für Umsetzung notwendig
- Gender-Qualifizierung von hauptamtlichen MitarbeiterInnen
- Gender als Qualitätsmerkmal von Führung festlegen. Gender in Führungskräfteschulungen

Aktuell beschäftigt sich ver.di im Kontext mit Genderpolitik mit folgenden Themen:
- Zielgruppenorientierung und Gender: Wie werden welche Zielgruppen angesprochen?
- Betrieblicher Gesundheitsschutz: Geschlechterrollen und physische Belastungen

- Biografieorientierte Arbeitszeiten: Wie kann mit der Arbeitspolarisierung umgegangen werden? (Ungleiche Verteilung der Arbeit zwischen den Geschlechtern und Qualifizierungsniveaus)
- Vereinbarkeit von Arbeit und Leben: flexible Arbeitszeiten, Entwicklungschancen, Arbeitsplatzqualität, Existenzsicherung etc.
- Vereinbarkeit von Beruf und Familie besonders für Männer: z.B. Projekt: „Die Vätermonate kommen"
- Gender Budgeting: Transparenz des Haushalts – Umsetzung von Gleichstellung im Haushalt

Geplante Veranstaltungen:
- Gendertraining zu Sozialpolitik
- Gender Fachdialog: Die Zukunft der Krise – Genderperspektiven in der Wirtschafts- und Finanzkrise zwischen alten Strukturen und neuen Modellen
- Mit Genauigkeit zum Ziel – Mitgliederwerbung mit Gender Mainstreaming
- Gendertraining zu Familienpolitik
- Gendertraining für EinsteigerInnen (Grundlagenseminar)[59]

4.2.3 Veränderungsschritte und deren Auswirkungen

Geschlechterdemokratie und Gender Mainstreaming wurden, wie bereits erwähnt, schon bei der Neugründung von ver.di in die Satzung aufgenommen. Damit Gender Mainstreaming und Geschlechterdemokratie aber wirklich in der Organisation ankommen, wurden zahlreiche Anstrengungen unternommen.

Im Folgenden soll die Auswirkung der gesetzten Veränderungsschritte im Zusammenhang mit Gender Mainstreaming in ver.di näherer Betrachtung unterzogen werden.

---

[59] Vgl. Klett, Schulz-Müller 2006, S. 13ff

Kulturelle Auswirkungen

Innerhalb von ver.di ist es prinzipiell nicht möglich, von einer homogenen Organisationskultur zu sprechen, was darauf zurückzuführen ist, dass es sich bei ver.di um eine Großorganisation handelt, die sehr unterschiedliche Fachbereiche und Aufgaben umfasst.

Die Integration der Genderthematik in die Organisationskultur ist daher unterschiedlich gut gelungen. Grund dafür ist, dass im Bereich Genderpolitik keine einheitlichen verbindlichen Oberziele gesetzt wurden und es daher, trotz der Integration von Gender Mainstreaming in die ver.di-Satzung, keinerlei Verbindlichkeit für die einzelnen Organisationsbereiche gibt, sich mit dem Thema auseinanderzusetzen. Daher kommt es stark auf das Interesse der Führungskräfte der einzelnen Ressorts und Abteilungen an, ob und inwieweit Gender Mainstreaming Bestandteil der täglichen Arbeit ist.

In einigen Kernfeldern von ver.di ist Gleichstellung und Geschlechterdemokratie bereits fester Bestandteil. So sind beispielsweise die tarifpolitischen Grundsätze von ver.di „gegendert". Zudem entwickelt der Bereich tarifpolitische Grundsätze mittlerweile geschlechterdifferenzierte Informationsmaterialien. Möglich wurde das durch die gute Vernetzung mit dem Bereich Tarifpolitik auf Grund der Zugehörigkeit zum gleichen Ressort. Der Bereich Mitgliederwerbung integriert ebenfalls Gender Mainstreaming in seine Arbeit zur zielgruppenspezifischen Ansprache.

Auch ist eine steigende Anzahl von TeilnehmerInnen von Gender-Seminaren als positive Entwicklung zu werten. Hier ist es in den letzten Jahren gelungen, insbesondere den Anteil von teilnehmenden Männern zu steigern. Diese machen derzeit in der Regel fast 50% der Teilnehmenden aus.

Ursache für das Fehlen einer einheitlichen gleichstellungsorientierten Kultur in ver.di ist vor allem die, in den letzten Jahren veränderte, strategische Ausrichtung des Bereichs Genderpolitik. Der Fokus der Genderpolitik hat sich in den letzten Jahren immer mehr von den hauptamtlichen zu den ehrenamtlichen Mitgliedern verlagert. Damit hat sich die Implementierung von Gender Mainstreaming nach außen orientiert, während die internen Strukturen und Abläufe davon weitgehend unberührt blieben.[60]

Strukturelle Auswirkungen

Auf Grund der Satzung und Beschlusslage des Bundesvorstands sowie des Bundeskongresses gibt es in ver.di ein klares Bekenntnis zum Ziel der Geschlechterdemokratie und zur Umsetzung von Gender Mainstreaming, das von der obersten Führungsebene mitgetragen wird. Um die Bundesvorstandsmitglieder (und die Landesbezirksleitungen) bei der Aufgabe zu unterstützen und konkrete Ansatzmöglichkeiten zu erarbeiten, wurden im Rahmen der Arbeitshilfe „Fit für Gender Mainstreaming" spezifisch zugeschnittene Beratungsgespräche und Gender-Trainings entwickelt und durchgeführt.

Das Gender-Training hat der Bundesvorstand komplett durchlaufen. Beratungsgespräche wurden mit einer Reihe von Bundesvorstandsmitgliedern geführt, ebenso wie mit einigen Landesleitungen.

Ähnliche Angebote gelten für die mittlere hauptamtliche Führungsebene in den Ressorts und Landesbezirken. Auf Grund von Prioritätensetzungen und Terminschwierigkeiten konnten diese hier nicht in gleicher Weise realisiert werden.

Gender-Qualifizierung von hauptamtlichen Führungskräften ist auch allein aus quantitativer Hinsicht ein anspruchsvolles Unterfangen.

Positiv zu vermerken ist, dass der Gewerkschaftsrat, das höchste ehrenamtliche Gremium von ver.di, Gender Mainstreaming in sein Antragsmanagement übernommen hat. Hier ist die Gen-

---

[60] Vgl. in ver.di geführtes Interview (Lindner) 2010

derprüfung Voraussetzung für eine erfolgreiche Antragstellung.[61]

Insgesamt zeigt sich, dass Gender Mainstreaming in ver.di zwar Top-down angelegt ist und von der Bundesvorstandsebene mitgetragen wird, bisher aber nicht auf allen Ebenen implementiert werden konnte. Festzuhalten ist dennoch, dass Gender Mainstreaming für immer mehr Führungskräfte ein Thema ist.

Ein Netz von Genderbeauftragten soll bei der Anwendung und Umsetzung der geschlechterpolitischen Strategie Gender Mainstreaming beraten, moderieren und diejenigen unterstützen, die Gender Mainstreaming in ihrer alltäglichen gewerkschaftlichen Arbeit in der Zusammenführung von Fach- und Genderkompetenz umsetzen. Zur gegenseitigen Vernetzung, Qualifizierung und zum Informationsaustausch gibt es zwei Arbeitstagungen im Jahr.

In den letzten Jahren haben sich die Rahmenbedingungen für die Umsetzung von Gender Mainstreaming nicht unbedingt positiv entwickelt. Genderbeauftragte in einigen Ebenen sind weggefallen und Stellenanteile sind reduziert worden. Nachteilig ist auch, dass dem Bereich Genderpolitik, im Gegensatz zum Bereich Frauen- und Gleichstellungspolitik, kein ehrenamtlicher Vorstand auf allen Ebenen zur Seite gestellt wurde. Dies verringert die Möglichkeiten der politischen Einflussnahme auf Entscheidungen der Gesamtorganisation.

Allerdings gibt es einen Kreis der Gender-Interessierten in ver.di, der sich jenseits von Strukturen und Funktion austauscht und eigene Projekte initiiert. Erfolge auf dezentraler Ebene gibt es häufig dort, wo neben der Eigeninitiative der Genderbeauftragten auch die verantwortlichen Führungskräfte „Gender" zu ihrem Thema gemacht haben.[62]

---

[61] Vgl. in ver.di geführtes Interview (Lindner) 2010
[62] Vgl. Klett, Schulz-Müller 2006, S. 30ff

Auswirkungen auf Besetzung der Gremien

Auf Initiative der Frauen- und Gleichstellungspolitik haben sich der ver.di Bundesvorstand und die Landesleitungen dazu verpflichtet, eine feste Quote von mind. 50% Frauen in ihren Gremien einzuführen. Diese ist heute im Vorstand umgesetzt. In der Landesleitung gibt es jeweils drei Positionen, die mittlerweile zumeist mit 2 Frauen und einem Mann besetzt sind.

Zu Beginn der Umsetzungsphase gab es große Widerstände gegen diese Quotenregelung, vor allem von Seiten der Männer, die davor diese Positionen besetzt hatten und auf Grund der neuen Regelung abgesetzt wurden.

Um dem Widerstand entgegenzuwirken, wurden teilweise Gremien vergrößert und mit Frauen „aufgefüllt". Widerstände gegen diese Vorgehensweise sind aktuell kaum merkbar.[63]

Auswirkungen in der Personalentwicklung

Aktuell beschäftigt sich ver.di mit personalpolitisch relevanten Themen, wie etwa der Vereinbarkeit von Arbeit und Leben, biografieorientierten Arbeitszeiten und der Vereinbarkeit von Beruf und Familie für Männer.

Mitglieder aller Gewerkschaftsbereiche sollen für diese Themen interessiert werden, um in den jeweiligen Sparten Fortschritte zu erzielen.[64]

Allgemein kann festgehalten werden, dass sich in ver.di die Sensibilität für Geschlechterfragen sowohl bei Frauen als auch bei Männern erhöht hat. Einige Männer haben erkannt, dass Gender Mainstreaming auch ihre Interessen berücksichtigt und stehen dieser Strategie insgesamt offener als der Frauen- und Gleichstellungspolitik gegenüber. Auch auf einige (besonders jüngere) Frauen trifft dies zu, und Männer haben den Eindruck, dass mit der Genderpolitik nun auch mal wieder etwas für sie getan wird.

---

[63] Vgl. in ver.di geführtes Interview (Lindner) 2010
[64] Vgl. ebenda

4.2.4 Auswirkungen und deren Nutzen

Der Organisation gelingt es durch die Integration von Gender Mainstreaming besser, bestimmte Zielgruppen anzusprechen und deren Bedürfnissen gerecht zu werden. Gender Mainstreaming hat den Blick für die unterschiedlichen Lebens- und Arbeitswelten von Männern und Frauen geschärft und dazu beigetragen, strukturelle Herausforderungen zu erkennen und bearbeitbar zu machen.

Den FunktionärInnen und MitarbeiterInnen gelingt es mit der Kenntnis über Gender Mainstreaming besser, ihre eigene Rolle im betrieblichen Beratungsprozess zu erkennen.

Grundsätzlich hat Gender Mainstreaming dazu beigetragen, dass so genannte „weiche Themen" mehr in den Mittelpunkt der betrieblichen und politischen Arbeit von ver.di gerückt sind (z.B. Vereinbarkeit von Arbeit und Leben – Gute Arbeit).[65]

Als Begründung für die Implementierung werden häufig ethische Argumente (Geschlechtergerechtigkeit) und die rechtliche Verbindlichkeit von Gender Mainstreaming angeführt. Darüber hinaus gibt es aber auch eine Reihe handfester betriebswirtschaftlicher und personalpolitischer Vorteile, die mit Gender Mainstreaming verknüpft sind:

- Senkung der mit Diskriminierung verbundenen Kosten (Demotivation, Fehlzeiten, Eingruppierungsklagen etc.), die bei weiter steigenden Beschäftigungsanteilen von Frauen erwartbar zunehmen werden.
- Erhöhung von Innovations- und Kreativitätspotentialen durch Gendersensibilität (Arbeitsinhalte) und gemischt zusammengesetzte Teams (Arbeitsorganisation)
- Personalpolitik für eine verbesserte Vereinbarkeit von Familie und Beruf
- Verbessertes Personalmarketing und dadurch Rekrutierungsvorteile auf dem Arbeitsmarkt

---

[65] Vgl. in ver.di geführtes Interview (Lindner) 2010

- Zielgruppengenaue Performance und dadurch Imagegewinn gegenüber den schon vorhandenen und neu zu gewinnenden Mitgliedern[66]

4.2.5 Prozess- und Ergebnissicherung

Bei Gender Mainstreaming handelt es sich in ver.di um einen satzungsmäßig fest verankerten Prozess. Allerdings ist fortwährende Überzeugungs- und Qualifizierungsarbeit notwendig, um diesen satzungsmäßigen Auftrag zu erfüllen.

Im Rahmen der jährlichen Arbeitsplanung werden konkrete, messbare Ziele vereinbart. Diese beziehen sich in der Regel auf Qualifizierungs- und Trainingsprogramme und orientieren sich normalerweise an TeilnehmerInnenzahlen, Publikationen, öffentlichen Auftritten und betrieblichen Betreuungsangeboten. Sanktionen bei Nichterfüllung sind allerdings nicht vorgesehen.[67]

4.2.6 Förderliche und hemmende Kriterien bei der Umsetzung

Top-down

Eine wichtige Grundlage für die Implementierung wurde damit geschaffen, dass in ver.di Gender Mainstreaming als Top-down-Prozess angelegt wurde. Kritisch anzumerken ist, dass es der Top-Ebene allerdings nicht gelungen ist, die mittleren und unteren Führungsebenen in die Verantwortung zu ziehen.

Als überaus sinnvoll hat sich hingegen die Bottom-up-Strategie erwiesen, welche ehrenamtliche MitarbeiterInnen mit einbindet.

---

[66] Vgl. Klett, Schulz-Müller 2006, S. 20
[67] Lindner Mathias: ver.di Bundesverwaltung, Bereich Genderpolitik, schriftliches Interview 2010

Eigene Struktur und Ressourcen für den Bereich Genderpolitik

Förderlich war und ist, dass es unstrittige Strukturen mit eigenen Budgets und Personal für Gender Mainstreaming gibt. Es hat sich gezeigt, dass es sinnvoll ist, in der Organisation vor Ort Gender-ExpertInnen zur Verfügung zu haben, die die Umsetzung von der Sensibilisierung zum „Doing" durch Erfahrung unterstützen.

Der Abbau von Personalstellenanteilen für Gender Mainstreaming, welcher auf einen Rückgang der Mitgliederzahlen zurückzuführen ist, wird verständlicherweise als nicht förderlich empfunden. Anzumerken ist allerdings, dass der Stellenabbau im Bereich Genderpolitik nicht überproportional im Vergleich zu anderen Stellen ist.[68]

Querschnittsaufgabe – Umsetzung in der Alltagsarbeit

Im Nachhinein wird die fehlende Bekanntheit der Strategie Gender Mainstreaming in der Gründungsphase als Hemmnis beschrieben. Zudem war es schwierig, die Führung und die Beschäftigten dahingehend zu sensibilisieren, ein Verständnis dafür zu entwickeln, dass die Verantwortung für die Integration von Gender Mainstreaming bei jedem/jeder Einzelnen liegt und als Querschnittsaufgabe und Bestandteil der täglichen Arbeit zu verstehen ist.

Kritisch wird in ver.di auch der Einsatz von Genderbeauftragten gesehen, weil diese mitunter als Alibi dienen, sich in der Organisation nicht mit Gender Mainstreaming zu beschäftigen. Die Rolle der Beauftragten immer wieder klar zu definieren könnte hier Abhilfe schaffen.

Deshalb ist es zwar sinnvoll, eigenständige Gender-Projekte als Best-Practice-Beispiele zu initiieren, allerdings muss darüber hinaus deutlich werden, dass Gender Mainstreaming kein eigenständiges Arbeitsfeld ist. Projekte müssen anschließend in die

---

[68] Vgl. in ver.di geführtes Interview (Lindner) 2010

Regelarbeit transferiert werden, um nicht Gefahr zu laufen, als „Exoten-Thema" in der Organisation unverbindlich nach Zeit und Laune abgehandelt zu werden.[69]

Gender als „weiches Thema" – Fehlen von verbindlichen Zielvereinbarungen

Intern muss sich Genderpolitik immer wieder legitimieren und behaupten. Im Vergleich zu gewerkschafts- und organisationspolitischen Kernthemen ist Gender Mainstreaming ein „weiches" Thema ohne Tradition und historisch gewachsener eigener Struktur. Für viele ist sie neu, weswegen ihr häufig skeptisch oder mit einer gar abwehrenden Haltung begegnet wird.

Generell ist festzuhalten, dass es in ver.di keine konkreten, messbaren Zielvereinbarungen zur Erreichung von Gleichstellung gibt. Ausschließlich in Bezug auf die Besetzung von Gremien wurden Quotenregelungen vom Bereich Frauen- und Gleichstellungspolitik initiiert und umgesetzt.

Verhältnis Gender- und Gleichstellungspolitik

Prinzipiell hat sich die Doppelstrategie von Gleichstellungs- und Frauenpolitik und Genderpolitik als sehr erfolgreich erwiesen. Die eigene Stabstelle Genderpolitik ermöglicht einerseits Gender Mainstreaming als Thema auf der Tagesordnung zu halten und andererseits die Genderthematik auch für Männer zu öffnen.

Dies ist besonders in Fachbereichen mit großem Männeranteil unerlässlich.

In der Arbeitspraxis sind das Verhältnis und die Zuständigkeiten von Genderpolitik und Gleichstellungspolitik in der Organisation nicht immer ausreichend geklärt.

---

[69] Vgl. ebenda

Gender-Team

Konflikte im Gender-Team, die auf Grund unterschiedlicher Arbeitsstile und unterschiedlichen strategischen Einschätzungen entstanden, wurden zugunsten des symbolisch hoch eingeschätzten Wertes des gemischtgeschlechtlichen Gender-Teams zurückgestellt und nicht geklärt.[70]

4.2.7 Ausblick – Was ist noch offen?

Bislang ist es nicht gelungen, die ganze Organisation mit der Strategie Gender Mainstreaming zu erreichen. Eine große Herausforderung liegt darin, den praktischen Transfer in die tägliche, fachliche Arbeit sicher zu stellen. Hier gilt es weitere Instrumente zu entwickeln, die es auch Gender-Laien ermöglichen, Gender Mainstreaming zum Bestandteil ihrer Arbeit zu machen.[71] Dazu ist es weiterhin notwendig Wissen über Gender Mainstreaming zu transportieren und eine Reihe an Best-Practice-Beispielen zu schaffen.

Ziel wäre es ein verbindliches Instrument, wie etwa eine Gender-Prüfung, in allen Arbeitsbereichen zu installieren. Weiters sollte ein zentrales Wissenspool zu Gender Mainstreaming eingerichtet werden.

4.2.8 Conclusio

Top down – bottom up

Der Fokus in ver.di hat sich in den letzten Jahren immer mehr von den hauptamtlichen zu den ehrenamtlichen MitarbeiterInnen verlagert.

Gender Mainstreaming soll in der ver.di vor allem nach außen, d.h. an die Gewerkschaftsmitglieder, kommuniziert wer-

---

[70] Vgl. in ver.di geführtes Interview (Lindner) 2010
[71] Vlg. ebenda.

den und in den einzelnen vertretenen Dienstleistungssektoren Wirkung zeigen. In einigen Bereichen ist dies bisher auch sehr gut gelungen, wie etwa im Bereich Tarifpolitik und Sozialpolitik.

Daher unterscheidet sich der von ver.di in Bezug auf Gender Mainstreaming gewählte Ansatz von den anderen beiden verglichenen Organisationen.

Es zeigte sich, dass für eine gewerkschaftliche Organisation dazu einerseits ein Top-down-Ansatz notwendig, aber eine Bottom-up-Bewegung sehr hilfreich sein kann. Besonders in der Struktur mit vielen ehrenamtlichen MitarbeiterInnen, die in unterschiedlichen Funktionen fungieren, müssen beide Strategien gleichzeitig eingesetzt werden, um eine größtmögliche Breitenwirkung zu erzielen.

In den letzten Jahren war ver.di sehr erfolgreich darin, ehrenamtliche MitarbeiterInnen für Gender-Schulungen zu gewinnen.

Genderbeauftragte notwendig?

Die Struktur von Gender-Beauftragten war bislang nur bedingt hilfreich, da Gender-Aufgaben oftmals an diese delegiert wurden und so dem Anspruch, Gender als Aufgabe aller festzulegen, nicht Folge geleistet werden konnte.

Zudem gibt es Gender-Beauftragte auf Grund von Stellenkürzungen nicht mehr auf allen Ebenen in ver.di, was eine zusätzliche Einschränkung darstellt.

Genderprüfung in allen Arbeitsbereichen – Wissenspool

Wichtiger als ein flächendeckendes Netzwerk an Genderbeauftragten wäre es nach Einschätzung des Bundesbeauftragten für Genderpolitik, eine Verbindlichkeit der Umsetzung von Gender Mainstreaming in den einzelnen Bereichen herzustellen. Dies wäre durch eine Genderprüfung aller Arbeitsbereiche sicherzustellen. Weiters könnte ein zentrales Wissenspool einen Austausch zu Genderthemen verstärken.

Einbeziehung der Männer – Doppelstrategie Frauen- und Gleichstellungspolitik und Genderpolitik

Hervorzuheben ist, dass die Einbeziehung von Männern in das Genderthema sehr gut gelungen ist, was der allgemeinen Akzeptanz des Themas zuträglich ist.

Ein Vorteil diesbezüglich ist sicherlich die Doppelstrategie aus Frauen- und Gleichstellungspolitik und Genderpolitik, die es dem Bereich Genderpolitik ermöglicht, auch speziell die Männer in den Blick zu nehmen.

Anhebung des Frauenanteils in den Gremien der ver.di

Im Bezug auf die Anhebung des Frauenanteils in Gremien auf 50% hat der Bereich Frauen- und Gleichstellungspolitik radikale Schritte eingeleitet und teilweise, neben einer Vergrößerung der Gremien, auch Männer aus ihren Positionen enthoben. Anfänglich gab es große Widerstände gegen diese Vorgehensweise, die sich jedoch recht rasch gelegt hat. Mittlerweile äußert niemand mehr (öffentlich) Kritik.[72]

4.3 Die Implementierung von Gender Mainstreaming in die Oberösterreichische Gebietskrankenkasse

Die österreichische Sozialversicherung – und damit auch die soziale Krankenversicherung – wird seit ihrer Errichtung nach dem Prinzip der Selbstverwaltung geführt. Nicht der Staat, sondern ArbeitnehmerInnen und ArbeitgeberInnen übernehmen die Verwaltung der Sozialversicherung, da sie als BeitragszahlerInnen und Versicherte selbst unmittelbar betroffen sind.

Die Oberösterreichische Gebietskrankenkasse (OÖGKK) beschäftigt rund 2000 Personen. Mehr als ein Drittel davon ist im medizinischen Bereich tätig.

---

[72] Vgl. in ver.di geführtes Interview (Lindner) 2010

Zur Organisationsstruktur:

Die Verwaltungskörper setzen sich aus VersicherungsvertreterInnen der DienstnehmerInnen und der DienstgeberInnen zusammen. Diese VersicherungsvertreterInnen werden von den Interessensvertretungen – also von der Kammer für Arbeiter und Angestellte, der Wirtschaftskammer Oberösterreich, der Landarbeiterkammer und der Landwirtschaftskammer – entsandt.

Der Vorstand ist das geschäftsführende Organ der OÖGKK. Der Obmann oder die Obfrau und die StellvertreterInnen werden vom Vorstand für dessen Amtsdauer gewählt. Der Vorstand besteht aus 15 VersicherungsvertreterInnen.

Zweimal jährlich beruft der Vorstand die Generalversammlung ein, die aus 30 VersicherungsvertreterInnen besteht.

Die Kontrollversammlung ist das Kontrollorgan der OÖGKK. Sie überwacht laufend die Gebarung. Darüber hinaus bedürfen Beschlüsse des Vorstandes in wichtigen Angelegenheiten der Zustimmung der Kontrollversammlung. So muss beispielsweise in finanziell bedeutsamen Fragen deren Zustimmung eingeholt werden. Die Kontrollversammlung besteht aus 10 VersicherungsvertreterInnen.

Durch den Beirat werden die Interessen der PensionistInnen und der PflegegeldbezieherInnen in der sozialen Krankenversicherung gewahrt. Der Beirat besteht aus 12 Mitgliedern, er ist kein Selbstverwaltungs-, sondern ein beratendes Organ. VertreterInnen des Beirates nehmen mit beratender Stimme an den Sitzungen der Selbstverwaltung teil; darüber hinaus hat der Beirat Antrags- und Stellungsnahmerechte.[73]

---

[73] http://www.ooegkk.at/portal27/portal/ooegkkportal/channel_content/cmsWindow?p_tabid=6&p_menuid=1199&action=2 (Zugriff am 4. 3. 2010)

4.3.1 Der Implementierungsprozess

In den 80er und Anfang der 90er Jahre war die OÖGGK von einer durchaus männlichen Führungskultur und vor allem von männlichen Führungskräften geprägt. Themen wie berufliche Karrieren von Frauen, Rückkehr und Wiedereinstieg in den Beruf usw. spielten in der Unternehmenskultur wenig Rolle.

Zu Beginn der 1990er Jahre formierte sich rund um Elfriede Kiesewetter eine interne Frauengruppe in der Gebietskrankenkasse (GKK), die sich vor allem mit der Vereinbarkeit von Beruf und Familie, der Rückkehr in den Beruf und der beruflichen Gleichbehandlung beschäftigte. Dazu wurden Best-Practice Beispiele aus anderen Unternehmen und Organisationen eingeholt und daraus eigene Konzepte entworfen. In dieser Frauengruppe lassen sich die ersten Anfänge einer, wie sich heute zeigt, erfolgreichen Gleichstellungspolitik in der OÖGKK verorten.

Den Bestrebungen, Gleichstellungsfragen in der OÖGKK zum Thema zu machen, kam 1992 ein intern laufender Organisationsentwicklungsprozess zu Hilfe, der Neuerungen im Unternehmen – wie die Schaffung einer Personalentwicklungsabteilung, die Einführung von Projektmanagement usw. – zur Folge hatte. Diese Zeit des Umbruchs und die Unterstützung durch den Personalentwickler führten dazu, dass 1993 bereits erste Bildungsangebote speziell für Frauen angeboten werden konnten. („Berufliche Chancen von Frauen in der Sozialversicherung", „betriebliche Frauenförderung", „Frau sein in der GKK").

Insgesamt vollzog sich auf Grund dieses Organisationsentwicklungsprozesses in der OÖGKK ein Paradigmenwechsel, der den Diskurs über Gleichstellungsfragen möglich machte. Getrieben von den hausinternen Sparplänen erkannte die OÖGKK, dass durch Teilzeitarbeit Verwaltungskosten in einer sozial verträglichen Form eingespart werden konnten. Förderlich war auch die öffentliche politische Diskussion dieser Zeit über Aufteilung von Berufs- und Hausarbeit zwischen den Geschlechtern (Stichwort: halbe-halbe).

1995 wurde ein Projekt gestartet, welches sich mit der Position der Frauen in der OÖGKK beschäftigte. Ziel war es, den Anteil der Frauen in Führungspositionen (Gehaltsstufen D-G) zu erhöhen. Wichtigstes Instrumentarium war eine IST-Analyse des Frauenanteils in den Dienststellen. Berechnet wurde die Anzahl der frei werdenden Stellen auf Grund der bevorstehenden Pensionierungen und gemeinsam mit den AbteilungsleiterInnen wurden realistische Zielvereinbarungen für die Anhebung des Frauenanteils in den höheren Gehaltsstufen erarbeitet.

Diese Vorgehensweise hat man bislang beibehalten. Bewusst wurde – auf Grund deren negativer Konnotation – darauf verzichtet, Quoten festzulegen, sondern es wurde mit Zielzahlen gearbeitet, die auch sonst im Unternehmen angewandt werden. Leiterin war Elfriede Kiesewetter. Sehr bewusst wurden auch Männer in das Projekt mit einbezogen, die den Zielen und Inhalten des Projektes eher skeptisch gegenüberstanden (Abbildung 4).[74]

Auch der Direktor und der Obmann waren in den Prozess involviert und der Projektauftrag war von Beginn an als Topdown-Prozess angelegt. Ziel war die Entwicklung eines organisatorisch realisierbaren Konzepts. Ergebnis dieses Projektes war der erste Chancengleichheitsplan.

Chancengleichheitsplan

Der erste Chancengleichheitsplan wurde formal am 24. 9. 1997 (Geltungsdauer bis zum 31. 12. 2007) vom Direktor, dem Obmann und dem Betriebsrat verabschiedet.

Dem Vorstand sowie der Kontrollversammlung wird jährlich Bericht erstattet und die Ziele zur Chancengleichheit sind im Erfolgsplan verankert.

Zu Beginn gab es in der OÖGKK eine Reihe von spezifischen Angeboten für weibliche Beschäftigte wie z.B. Workshops, unterschiedlichste Seminare oder etwa ein jährliches Frauenforum.

---

[74] Vgl. in OÖGKK geführtes Interview (Kiesewetter) 2010

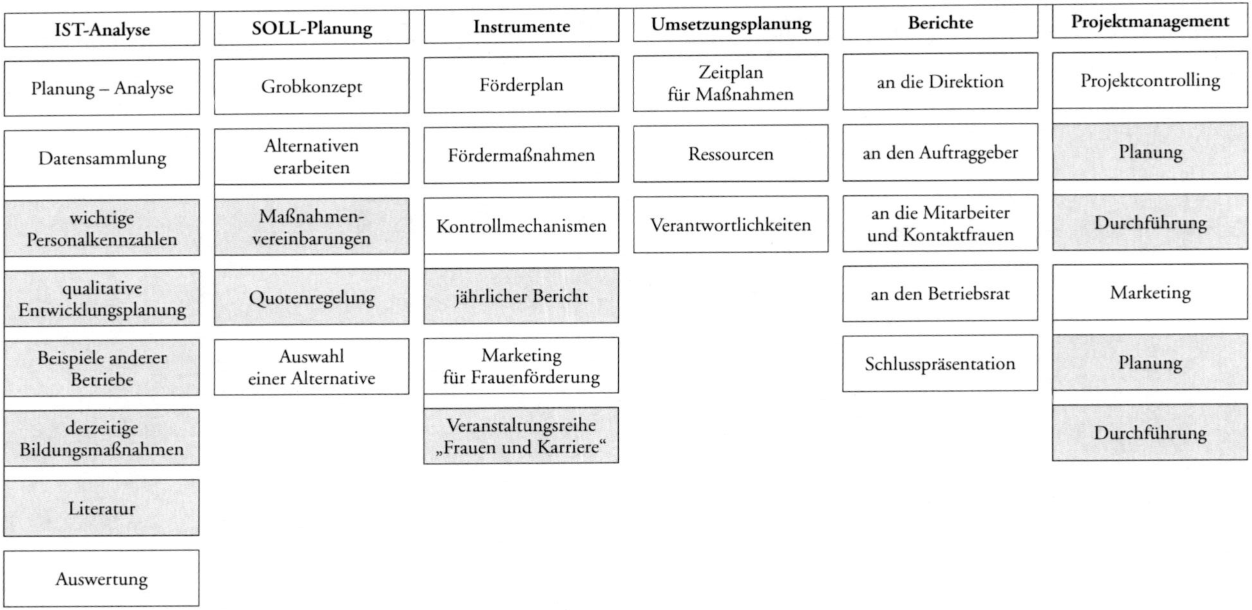

IST-Analyse	SOLL-Planung	Instrumente	Umsetzungsplanung	Berichte	Projektmanagement
Planung – Analyse	Grobkonzept	Förderplan	Zeitplan für Maßnahmen	an die Direktion	Projektcontrolling
Datensammlung	Alternativen erarbeiten	Fördermaßnahmen	Ressourcen	an den Auftraggeber	Planung
wichtige Personalkennzahlen	Maßnahmenvereinbarungen	Kontrollmechanismen	Verantwortlichkeiten	an die Mitarbeiter und Kontaktfrauen	Durchführung
qualitative Entwicklungsplanung	Quotenregelung	jährlicher Bericht		an den Betriebsrat	Marketing
Beispiele anderer Betriebe	Auswahl einer Alternative	Marketing für Frauenförderung		Schlusspräsentation	Planung
derzeitige Bildungsmaßnahmen		Veranstaltungsreihe „Frauen und Karriere"			Durchführung
Literatur					
Auswertung					

Abbildung 4: Projekt „Chancengleichheit" der OÖGKK.

Quelle: OÖGKK: 10 Jahre Chancengleichheit – ein Rückblick. 2008, S. 8.

Diese waren vor allem für die interne Meinungsbildung und die vielen Diskussionsprozesse von unschätzbarem Wert.

Im Laufe der Jahre wurde aber auch in diesem Bereich dazu übergegangen, nur mehr gemischtgeschlechtliche Angebote zu formulieren. Das seinerzeitige „Frauenforum" etwa wurde zum „Männer-Frauen-Forum" und greift alljährlich Themen auf, die wohl ursächlich Frauen betreffen (z.B. geschlechtergerechte Sprache, Teilzeit, Karriereplanung), aber letztendlich beide Geschlechter angehen.[75]

Die laufende interne Bearbeitung der Chancengleichheitsthematik erfolgt im Rahmen einer ressortübergreifenden Steuerungsgruppe. In dieser wirken neben der Chancengleichheitsbeauftragten der Betriebsrat, der Personalbereich sowie Führungskräfte aus den einzelnen Ressorts.

2004 beschloss der Vorstand einen Antrag, der die Implementierung von Gender Mainstreaming in die OÖGKK vorsah.

2006 wurde der Bereich der Sozialversicherungsträger in den Geltungsbereich des Bundes-Gleichbehandlungsgesetzes einbezogen. Der Hauptverband hat diesen Gesetzesauftrag im Jahr 2007 in Richtlinien zur Gleichbehandlung umgesetzt. Darin sind die Ziele des Bundesgleichbehandlungsgesetzes enthalten: Erreichung eines 40-prozentigen Frauenanteils auf allen Ebenen der Verwaltung und Medizin in der Sozialversicherung. Zudem sind darin zentrale Instrumente verankert: Die verbindliche Erstellung eines Frauenförderplans sowie regelmäßige Berichte über die personellen Kennziffern.

Seit 2004 gibt es auf der Ebene einzelner SV-Träger erste Veranstaltungen zu dieser Thematik, zu der die anderen Organisationen jeweils eingeladen werden. 2005 organisierte die OÖGKK eine derartige österreichweite Veranstaltung. Seither wurde eine trägerübergreifende Steuerungsgruppe gebildet, in der sich die OÖGKK mit viel Erfahrung aktiv einbringt. Neben

---

[75] Vgl. OÖGKK Bewerbung um den f-plus Frauenförderpreis für Unternehmen 2009, S. 2

dieser besteht die interne Steuerungsgruppe ebenfalls weiter. Sie tagt vier Mal pro Jahr.

Die Geltungsdauer des aktuellen Chancengleichheitsplans erstreckt sich vom 1. 1. 2008 bis zum 31. 12. 2014. Der Zielhorizont wurde den Richtlinien folgend bei diesem Plan bewusst auf sieben Jahre reduziert, um dem geforderten Berichtsrhythmus an den Hauptverband Rechnung zu tragen.[76]

4.3.2 Die Ziele und deren Umsetzung

Übergeordnetes Ziel von Gender Mainstreaming in der OÖGKK ist es, den Anteil der weiblichen Führungskräfte zu erhöhen.

Dazu wurden die Rahmenbedingung für die Vereinbarkeit von Beruf und Familie analysiert und flexiblere Arbeitszeiten, sowie ein kinderbetreuungsfreundliches Weiterbildungsangebot geschaffen. Das bedeutet, dass die Weiterbildungen zu Zeiten stattfinden, in denen auch ein Elternteil mit Betreuungspflichten teilnehmen kann, bei jeder Weiterbildung wird Kinderbetreuung angeboten etc.

Zudem wird Projektarbeit forciert, da sie eine Möglichkeit darstellt, sich zu beweisen und Führungserfahrung zu sammeln. Es gibt Meldestrukturen in der OÖGKK bezüglich der Anzahl an Projektleiterinnen. Außerdem gibt es interne Akademien zur Förderung von potentiellen Führungskräften. Diese stehen Frauen und Männern offen, wobei aber ein bestimmter Prozentsatz für Frauen reserviert ist.

Insgesamt werden die Führungskräfte befähigt, Gender Mainstreaming als eine Führungsaufgabe wahrzunehmen und so Chancengleichheit für den einzelnen Mitarbeiter und die einzelne Mitarbeiterin zu garantieren.[77]

---

[76] Vgl. OÖGGK Chancengleichheitsplan 2008–2014, S. 3f
[77] Vgl. in OÖGKK geführtes Interview (Kiesewetter) 2010

Ziele von Gender Mainstreaming in der Oberösterreichischen Gebietskrankenkasse

Im aktuellen Chancengleichheitsplan (2008–2014) sind folgende Ziele definiert:
Der Frauenanteil ist:
- in der Gehaltsgruppe D (GruppenleiterInnen) von mind. 45% zu halten oder weiter auszubauen.
- in der Gehaltsgruppe E (gehobener Dienst) auf mind. 30% zu erhöhen.
- in den Gehaltsgruppen F und G (AbteilungsleiterInnen und DirektorInnen) auf mind. 25% zu erhöhen.
- für den Bereich der MitarbeiterInnen mit einer Funktions-, Bereichs- bzw. einer Leitungszulage (Gehaltsgruppen E-G) auf mind. 20% zu erhöhen.
- für den Bereich der in der Dienstordnung B eingereihten MitarbeiterInnen (ÄrztInnen) auf mind. 40% zu erhöhen.

Unterstützende Maßnahmen zur Zielerreichung

Damit die erwähnten Ziele erreicht werden können, sind folgende begleitende Maßnahmen vorgesehen:
- Festlegung der Chancengleichheitsthematik als verbindliches Ziel für Führungskräfte – sowohl bei Bildungsmaßnahmen als auch im Rahmen der jeweiligen Personalentwicklung (z.B. Festschreibung des entsprechenden Bildungsinhalts in den Bildungspass für Führungskräfte)
- Lebens- und Karriereplanung als integrativer Bestandteil der Führungsaufgaben (Erhebung der Bedürfnisse insbesondere durch MitarbeiterInnengespräche)
- Bei der Entsendung von MitarbeiterInnen zu höherwertigen Bildungsmaßnahmen soll auf Geschlechterparität geachtet werden (z.B. universitäre Lehrgänge, postgraduale Ausbildungen etc.).
- Lobbying für das Thema Chancengleichheit in Medien (zum Beispiel in der MitarbeiterInnenzeitung)

- Besondere Berücksichtigung von Frauen bei der Betrauung von Projektleitungen, da diese eine Profilierungsmöglichkeit für Nachwuchskräfte darstellen und Schaffung von Rahmenbedingungen zur Realisierung
- Ausbau der internen und externen Vernetzung zum Thema Chancengleichheit (in der Sozialversicherung und darüber hinaus)
- Entwicklung bzw. Schaffung einer Kommunikationsstruktur mit und in der betrieblichen Hierarchieebene, unter Einbindung der Führungskräfte, zur Unterstützung der internen Kommunikation und Förderung
- Beurteilungsraster für Bewerbungen, um den Qualifikationsaspekt bei der Vergabe von Dienstposten intensiver zu berücksichtigen
- Ermöglichung von Teilzeit-Führung sowie die Erarbeitung von gestaltenden Maßnahmen, da sich ein großer Anteil von Mitarbeiterinnen zwischen 25. und 45. Lebensjahr in kinderbetreuungsbedingter Teilzeit befindet
- Berücksichtigung von Gender Mainstreaming in der internen Bildungsarbeit sowie in der gesamten Arbeitsplanung der OÖGKK[78]
- Mehrere Betriebsvereinbarungen sollen die Vereinbarkeit von Beruf und Familie und den Wiedereinstieg nach Kinderbetreuungsphasen erleichtern.
- Gleitzeitregelungen mit großzügiger Rahmenzeit und auch für MitarbeiterInnen in Teilzeit
- Bei Betreuungspflicht Rechtsanspruch auf Teilzeit bis zum Schulalter des Kindes, ein einseitiges Rückkehrrecht für DienstnehmerInnen während dieser Phase und eine Sicherung der Einstufung
- Stunden- bzw. tageweise Heimarbeit möglich
- Zuschuss für Kinderbetreuung aus Sozialfonds

---

[78] Vgl. OÖGKK: Chancengleichheitsplan 2008–2014. S. 4f

- Bildungsangebote der OÖGKK stehen auch allen karenzierten MitarbeiterInnen zur Verfügung[79]

4.3.3 Veränderungsschritte und deren Auswirkungen

Im Zeitraum 1997–2007 ist der Frauenanteil sowohl im gesamten Verwaltungsbereich als auch in den mittleren und gehobenen Verwendungen gestiegen. In den Gehaltsgruppen D und E gibt es eine deutliche Zunahme an Mitarbeiterinnen. Im Bereich der Gehaltsgruppen F und G sind die Anstiege moderat.[80]

Kulturelle Auswirkungen

In der Unternehmenskultur der OÖGKK ist Gender Mainstreaming bereits eine Selbstverständlichkeit geworden. Sensibilisierungsarbeit ist kaum mehr notwendig. Insgesamt wurde im ganzen Haus eine Wertediskussion in Gang gesetzt, die es ermöglicht, in allen Bereichen reflektierter mit den täglichen Aufgaben umzugehen. Gender Mainstreaming profitiert von diesen Veränderungen.[81]

Strukturelle Auswirkungen

Gender Mainstreaming in der OÖGKK ist ein Top-down-Prozess. Vorstand, Obmann und Betriebsrat sind aktiv in den Prozess eingebunden und Teil der internen Steuerungsgruppe.

In den Anfängen (bis 2000) wurden auch Kontaktfrauen in den einzelnen Abteilungen installiert, die Gleichstellung im Arbeitsalltag sicherstellen sollten. Diese Strukturen stellten sich bald als kontraproduktiv heraus, weil die Kontaktfrauen diese Aufgabe und die ihnen zugetragene Rolle im organisationalen Alltag nicht bewältigen konnten.

---

[79] Vgl. OÖGKK: „Bewerbung um den f-plus Frauenförderpreis für Unternehmen" 2009, S. 3f
[80] Vgl. OÖGKK: Chancengleichheitsplan 2008–2014, S. 3
[81] Vgl. in OÖGKK geführtes Interview (Kiesewetter) 2010

Einerseits hatten sie nicht ausreichend Gestaltungs- und Entscheidungsmacht, andererseits gab es ein Konkurrenzverhältnis zwischen ihnen und dem Betriebsrat.[82]

Auswirkungen auf Besetzung der Gremien

Die Direktion setzt sich mittlerweile aus zwei Frauen und zwei Männern zusammen. Im Vorstand gibt es kaum Frauen, da dieser durch die Sozialpartner besetzt wird und sich die Strukturen der Sozialpartner darin abbilden.[83]

Auswirkungen in der Personalentwicklung

Gender Mainstreaming ist fix in der Personalentwicklung integriert.

Aktuell wurden im Chancengleichheitsplan 2008–2014 folgende Maßnahmen gesetzt:

- Festlegung der Chancengleichheitsthematik als verbindliches Ziel für Führungskräfte im Rahmen der jeweiligen Personalentwicklung (z.B. Festschreibung des entsprechenden Bildungsinhalts in den Bildungspass für Führungskräfte)
- Lebens- und Karriereplanung als integrativer Bestandteil der Führungsaufgaben (Abklärung vor allem in den MitarbeiterInnengesprächen)
- Verbesserung der Berufszugangs- und Aufstiegsmöglichkeiten von Frauen
- Maßnahmen zur besseren Vereinbarkeit von Beruf und Familie
- Maßnahmen zur Erleichterung des Widereinstiegs nach Kinderbetreuungsphasen
- Berücksichtigung von Gender Mainstreaming in der internen Bildungsarbeit und Arbeitsplanung

---

[82] Vgl. in OÖGKK geführtes Interview (Kiesewetter) 2010
[83] Vgl. ebenda

- Beurteilungsraster für Bewerbungen, um den Qualifikationsaspekt intensiver zu berücksichtigen
- Bei der Entsendung von MitarbeiterInnen zu höherwertigen Bildungsmaßnahmen soll auf Geschlechterparität geachtet werden (z.B. universitäre Lehrgänge, Ausbildungen etc.).
- Besondere Berücksichtigung von Frauen bei der Betrauung von Projektleitungen und Schaffung von Rahmenbedingungen zur Inanspruchnahme
- Ermöglichung von Teilzeit-Führung – Erarbeitung von klaren Regelungen[84]

4.3.4 Auswirkungen und deren Nutzen

Der Gender-Mainstreaming-Prozess in der OÖGKK wurde transparent und in Einbeziehung beider Geschlechter gestaltet. Da vor allem jene, die die größten Widerstände zeigten, stärker in den Prozess involviert wurden (z.B. ins Steuerungsteam geholt), ist Gender Mainstreaming eine allgemein akzeptierte Unternehmensstrategie geworden.

Der große Erfolg der Gender-Mainstreaming-Implementierung in der OÖGKK besteht darin, dass es gelungen ist, die Geschlechterfrage in den organisationalen Alltag zu bringen. Gender Mainstreaming ist nichts Zusätzliches, sondern Bestandteil des beruflichen Alltags, bei dem darauf geachtet wird, dass Geschlechtergerechtigkeit praktiziert wird und die vereinbarten Ziele umgesetzt werden. Im Blick sind dabei Frauen und Männer gleichermaßen. Die Organisationskultur lässt einen offenen Diskurs und Reflexion zu.

In der OÖGGK gibt es keine ausschließlichen Frauenförderungsmaßnahmen mehr. Akademien zur Führungskräfteförderung sind zwar für einen Prozentsatz an Frauen reserviert, werden aber von Männern gleichermaßen absolviert.[85]

---

[84] Vgl. OÖGKK: Chancengleichheitsplan 2008–2014, S. 3
[85] Vgl. in OÖGKK geführtes Interview (Kiesewetter) 2010

4.3.5 Prozess- und Ergebnissicherung

Der Umstrukturierungsprozess wird in Form eines jährlichen Chancengleichheitsberichts an Direktion und Selbstverwaltung gesichert. An den Hauptverband erfolgt alle zwei Jahre ein entsprechender Bericht.

Es gibt keine Sanktionen bei Nicht-Einhaltung der Zielvereinbarungen, doch bedarf es auf Grund der Offenlegung des Berichtes einer Rechtfertigung jener Abteilungen, die Ziele nicht erreicht haben.

In regelmäßigen Abständen wird ein Standort-Bestimmungsgespräch zwischen der Direktion und den mit Gleichstellungsfragen beauftragten Personen sowie mit dem Betriebsrat über den jeweiligen Status der Zielerreichung im eigenen Ressort geführt. Daraus werden im Fall einer Zielabweichung geeignete Interventionsschritte erarbeitet. Alle drei Jahre gibt es eine MitarbeiterInnenbefragung.[86]

4.3.6 Förderliche und hemmende Kriterien bei der Umsetzung

Top down

Grundlegend für den Erfolg des Implementierungsprozesses war und ist die Unterstützung durch die oberste Managementebene der OÖGKK.

Einbeziehung des Betriebsrats – Auflösung der Struktur der Kontaktfrauen – Installation eines Gleichbehandlungskreises

Da es zunächst Widerstände bei den Betriebsräten gab, da sie oftmals die Anliegen der Gleichbehandlungsbeauftragten und Kontaktfrauen als Einmischung verstanden (Teilzeit, Arbeitszeiten etc.), waren eine Einbeziehung und Zusammenarbeit mit dem Betriebsrat wichtig.

---

[86] Vgl. ebenda

Problematisch war vor allem die Struktur der Kontaktfrauen, welche zu wenig Entscheidungsmacht für unterschiedliche Belange besaßen und Schwierigkeiten hatten, ihre Rolle zu finden. Daher wurde diese Struktur aufgelöst und stattdessen ein Gleichbehandlungskreis eingeführt. In dieser Gruppe sind neben VertreterInnen der Personalabteilung, der Gleichbehandlungsbeauftragten und dem Betriebsrat auch Führungskräfte aus allen Ressorts vertreten.

Durch diese Besetzung wird signalisiert, dass die Realisierung von Chancengleichheit nur von Männern und Frauen gemeinsam und nur durch Führungskräfte selbst möglich ist. Die Zusammensetzung dieser Arbeitsgruppe und die hierarchisch in Direktionsnähe angesiedelte Position haben sich sehr bewährt, weil so eine unmittelbare Umsetzungskompetenz gegeben ist.[87]

Gleichbehandlungsbeauftragte

Als besonders wichtig hat sich bestätigt, dass die Gleichbehandlungsbeauftragten neben dieser auch noch eine andere Funktion im Unternehmen innehaben und im konkreten betrieblichen Geschehen involviert sind.

Konkret messbare Zielvereinbarungen

Notwendig für die Umsetzung und die Messung des Erfolges von Gender Mainstreaming sind konkrete Zielvereinbarungen. Hervorzuheben ist, dass die Ziele in der OÖGKK von den AbteilungsleiterInnen selbst formuliert werden. Einerseits können diese am besten einschätzen, welche Ziele in ihrer Abteilung realistisch sind und andererseits haben sie das Gefühl, ihre eigenen Ziele umzusetzen.

---

[87] OÖGKK: Bewerbung um den f-plus-Frauenförderpreis für Unternehmen 2009, S. 1

Hemmnis: Sprachliche Gleichbehandlung

Das größte Hemmnis momentan ist die Umsetzung der sprachlichen Gleichbehandlung vor allem in der MitarbeiterInnen-Zeitung, da die VerfasserInnen der Meinung sind, dass dies nicht journalistischer Usus sei.[88]

4.3.7 Ausblick – Was ist noch offen?

Der Prozess ist systematisiert und Teil der Unternehmenssteuerung. Daher ist es ausreichend, den Prozess wie bisher weiterzuführen.[89]

Als besonders prioritäre Handlungsfelder werden im Zuge des aktuellen Chancengleichheitsplans, der bis zum Jahr 2014 gültig ist, folgenden Punkte vom Gleichbehandlungsteam erwähnt:

- In der OÖGKK ist ein „Generationswechsel" absehbar. Hier kommt der Personalentwicklung eine noch wichtigere Rolle zu, um talentierten Frauen rechtzeitig die Chance zu geben, auf sich aufmerksam zu machen bzw. um eine frühzeitige Zusammenarbeit mit den betroffenen Führungskräften zu forcieren.
- Ein prioritäres Ziel ist es weiterhin, den Frauenanteil auch in der obersten Führungsebene und idealerweise in den Gremien der Selbstverwaltung zu erhöhen.
- Auf Grund der steigenden Teilzeitquote müssen klare, akzeptierte Regelungen und Teilzeit in Führungsfunktionen bzw. bei höherwertigen Dienstposten geschaffen werden.
- Ein geschlechtergerechter Leitfaden sowie weitere Bewusstseinsarbeit sollen die konkrete Umsetzung von sprachlicher Gleichbehandlung im Arbeitsalltag erleichtern.[90]

---

[88] Vgl. in OÖGKK geführtes Interview (Kiesewetter) 2010
[89] Vgl. ebenda
[90] OÖGKK: Bewerbung um den f-plus-Frauenförderpreis für Unternehmen 2009, S. 4ff

4.3.8 Conclusio

Insgesamt verläuft der Implementierungsprozess von Gender Mainstreaming in der OÖGKK sehr erfolgreich.

Top down

Von Beginn an war die Erreichung der Chancengleichheit in der OÖGKK ein Top-down-Prozess – der Vorstand, der Obmann sowie der Betriebsrat waren bereits in den Anfängen am Prozess beteiligt.

Gleichbehandlungskreis

Weiters wurde ein Gleichbehandlungskreis installiert, in dem weibliche und männliche Führungskräfte aller Geschäftsgruppen vertreten sind. Das heißt, Gleichbehandlung ist Führungsaufgabe auf allen Ebenen. Die Einbeziehung von Männern in das Steuerungsteam und den Gleichbehandlungskreis erhöhte die Bereitschaft der Männer zu Gleichstellungsaktivitäten.

Anhebung des Anteils der weiblichen Führungskräfte

Der Anteil an weiblichen Führungskräften in den Gehaltsstufen D und E konnte bereits beträchtlich erhöht werden. Deren Anhebung in den Gehaltstufen F und G verläuft hingegen moderat.

Die Zielvereinbarungen wurden nach eingehenden Datenanalysen im aktuellen Chancengleichheitsplan festgelegt. Hervorzuheben ist, dass die AbteilungsleiterInnen selbst Zielzahlen zur Anhebung des Frauenanteils definiert haben. Dies hat zum einen den Vorteil, dass diese am besten einschätzen können, welche Ziele realistisch sind und zum anderen, dass sie in den Prozess involviert sind und ihre eigenen Ziele umsetzen können.

Integration der Genderthematik in den beruflichen Alltag

Der große Erfolg der Gender-Mainstreaming-Implementierung in der OÖGKK besteht darin, dass es gelungen ist, die Geschlechterfrage in den organisationalen Alltag zu bringen und zur „ChefInnensache" zu machen. Gender Mainstreaming ist nichts Zusätzliches mehr, das immer wieder neu verhandelt werden muss, sondern Bestandteil des beruflichen Alltags, bei dem darauf geachtet wird, dass Geschlechtergerechtigkeit praktiziert wird und die vereinbarten Ziele umgesetzt werden.

Im Blick sind dabei Frauen und Männer gleichermaßen. Die Organisationskultur lässt einen offenen Diskurs und Reflexion zu. Das kommt der Implementierung von Gender Mainstreaming nachhaltig zugute.

5. Handlungsleitfaden

Die Ergebnisse aus der vorliegenden Studie und Gemeinsamkeiten der drei verglichenen Organisationen ermöglichen es, Schlussfolgerungen zu ziehen und einen Handlungsleitfaden für die erfolgreiche Implementierung von Gender-Mainstreaming-Prozessen abzuleiten.

In den folgenden Kapiteln werden die acht wichtigsten Thesen abschließend zusammengefasst.

5.1 Interne organisationale Umbrüche nutzen

Interne organisationale Umbrüche und Veränderungen begünstigen Gender-Mainstreaming-Implementierungsprozesse.

Eines ist den genannten Organisationen auf jeden Fall gemeinsam: Die Implementierung von Gender Mainstreaming startete gemeinsam bzw. wurde beflügelt von organisationsinternen Umbrüchen und Veränderungsprozessen. Im Fall des AMS Österreich war es die Ausgliederung aus dem staatlichen Sektor, bei ver.di war der Zusammenschluss und Neugründung Anlass und bei der OÖGKK wurde die interne Umstrukturierung und Modernisierung dafür genutzt, Gleichstellungspolitik und Gender Mainstreaming zu platzieren.

Zusätzlich waren „externe Faktoren", wie die Verordnung des Bundesgleichbehandlungsgesetzes und die Ministerratsbeschlüsse zu Gender Mainstreaming förderlich für die organisationale Implementierung von Gleichstellungszielen.

5.2 Verantwortung der Führung

Top down – nur wenn die Führung Verantwortung übernimmt und eindeutige Zeichen setzt, kann Gender Mainstreaming erfolgreich umgesetzt werden.

Gleichstellung, Geschlechterdemokratie oder Geschlechtergerechtigkeit – wie immer man es in der Organisation definiert – muss als gesamtorganisationales Ziel vom Top-Management festgelegt sein. Der Prozess der Implementierung von Gender Mainstreaming muss von allen Führungs- und Managementebenen getragen und verantwortet werden. Das setzt ein klares Bekenntnis und vor allem einen sichtbaren Gestaltungswillen bei allen EntscheidungsträgerInnen voraus.

Sichtbar wurde dieser in den verglichenen Organisationen wie z.B. dem AMS und in der OÖGKK durch klare Kommunikation von oben: z.B. Erlass von Richtlinien und Broschüren durch die Vorstandsebene, Verankerung im Leitbild, Verordnungen etc.

Am Beispiel des AMS kann sehr gut nachgezeichnet werden, wie erfolgreich Gleichstellungspolitik sein kann, wenn Vorstände klar an alle Führungsebenen (LandesgeschäftsführerInnen, RegionalleiterInnen usw.) und MitarbeiterInnen kommunizieren, dass Gleichstellung ein deklariertes Ziel der Organisation ist, und dass diese dafür bereit ist, Zeit und Ressourcen zu investieren. Sichtbar wird dies in Form von festgeschriebenen Zielvereinbarungen, die dem üblichen AMS-Monitoring standhalten müssen.

Ebensolches lässt sich für die OÖGKK festhalten: Gleichstellung und Gender Mainstreaming sind im Laufe der Entwicklung zur „Managementsache" geworden, Zielvereinbarungen in Sachen Gleichstellung unterliegen den hausinternen Controllinginstrumentarien.

Auch ver.di hat in der Gründungsphase Gender Mainstreaming auf der Top-Managementebene grundsätzlich beschlossen. Allerdings gelang es in weiterer Folge nicht, die mittleren und unteren Führungsebenen in die Gestaltung des Prozesses verantwortlich einzubinden. Vielmehr diente die geschaffene Unterstützungsstruktur der Gender-Beauftragten vielen als Alibi, die Verantwortung für die Umsetzung dahin auszulagern.

5.3 Verankerung auf allen Ebenen

Top-down – Bottom-up – Verankerung auf allen Ebenen und bei allen MitarbeiterInnen führt zu Akzeptanz und Sensibilisierung für Gender Mainstreaming.

Neben dem klaren Bekenntnis und Gestaltungswillen der Führungsebene gilt es Gender Mainstreaming auf allen Ebenen und bei allen MitarbeiterInnen gleichermaßen zu verankern. Mit der Koppelung von Top-down und Bottom-up konnte besonders in der Struktur mit vielen ehrenamtlichen MitarbeiterInnen, die an anderer Stelle in unterschiedlichen Funktionen agieren, eine große Breitenwirkung erzielt werden. Dies hat ver.di gezeigt. Allerdings wurde dort, wie bereits erwähnt, die interne Top-down-Bottom-up-Strategie vernachlässigt. Bei den ehrenamtlichen MitarbeiterInnen hingegen wurde dadurch das Interesse am Thema geweckt. Zudem konnte die Installation eines ehrenamtlichen Vorstands/Beirats für Genderpolitik den Blick auf ehrenamtliche MitarbeiterInnen und geschlechterdemokratische Gremienbesetzungen schärfen.

Die Einbindung von Führungskräften und MitarbeiterInnen auf allen Ebenen in die Entwicklung von Zielen und Maßnahmen zur Umsetzung von Gleichstellung und Gender Mainstreaming hat sich auch im AMS als sehr förderlich erwiesen. Dadurch wurde im Unternehmen ein offener Diskurs und Dialog über Gleichstellungsfragen geführt, der sich für die Veränderung der Unternehmenskultur im AMS als insgesamt sehr positiv herausstellte: Aus der „Verwaltung" wurde zunehmend ein modernes „Dienstleistungsunternehmen". Gleiches gilt auch für die OÖGKK. Auch hier hat sich ausgehend vom Diskurs über Gleichstellung eine Wertediskussion ergeben, die das grundsätzliche Thema der Verteilungsgerechtigkeit in den Vordergrund brachte. Insgesamt konnte auch ver.di eine Veränderung der Unternehmenskultur hin zu „weichen Themen" und Reflexionswilligkeit feststellen, die im hierarchischen männerdominierten Gewerkschaftssystem bislang eher vernachlässigt wurde.

Sowohl im AMS als auch in der OÖGKK war die Einbeziehung des Betriebsrates bzw. der Personalvertretung ein Gewinn für den Implementierungsprozess von Gender Mainstreaming, da beide Organisationen anfänglich die Erfahrung gemacht haben, dass sich BetriebsrätInnen von den Gleichbehandlungsbeauftragten konkurrenziert fühlten.

Gender Mainstreaming ist eine Strategie, die Frauen wie auch Männer gleichermaßen in den Blick nimmt. Das Konzept geht davon aus, dass sowohl Männer als auch Frauen von Gleichstellung einen Nutzen haben. Daher sind Männer ebenso wie Frauen gleichermaßen verantwortlich für die Gestaltung und Umsetzung von Maßnahmen. Beispiele dafür sind der Einsatz von männlichen und weiblichen TrainerInnen in internen Gender-Trainings oder die gemischtgeschlechtliche Besetzung der Gender-Beauftragten. Auch Gremien und insbesondere jene, die sich mit Fragen der Gleichstellung befassen, müssen daher mit Männern und Frauen gleichermaßen besetzt sein.

Der Vergleich hat gezeigt, dass die in der Studie beforschten Organisationen damit sehr unterschiedlich umgehen. Während im AMS Zielvereinbarungsgespräche und die Kommunikation über Gleichbehandlungsziele im Unternehmen sowohl mit Männern und Frauen geführt werden, ist die Funktion der Gleichbehandlungsbeauftragten durchwegs weiblich besetzt. Auch ist der Blick bei weiterbildenden Führungskräftefördermaßnahmen – wie zum Beispiel beim Lehrgang „Karriere Neu" – ausschließlich auf Frauen gelenkt.

Während das AMS nach wie vor an den Ursprüngen der Gleichbehandlungspolitik – mit Fokus auf Frauenförderung – festhält, hat sich die auch ursprünglich praktizierte Politik in der OÖGKK verändert. Aktuell werden keine reinen frauenspezifischen Weiterbildungsangebote gesetzt, sondern Frauen und Männer bearbeiten oder qualifizieren sich zu den gleichen Themen gemeinsam. In allen der drei Vergleichsorganisationen wurde bestätigt, wie wichtig die Erarbeitung von Angeboten für alle MitarbeiterInnengruppen ist. Die Trainings- und Weiterbildungsmaßnahmen der ver.di zu Genderfragen waren von Beginn an gemischtgeschlechtlich angeboten. Allerdings in den Anfängen zum Großteil mit Frauen besetzt. Hier konnte ver.di mittlerweile einen Erfolg bezüglich des steigenden Männeranteils verbuchen.

5.4 Ressourcen und Unterstützungssysteme

Ressourcen und Unterstützungssysteme sind notwendig, um die Umsetzung von Gender Mainstreaming voranzutreiben.
In allen in der Studie verglichenen Organisationen hat sich ein Unterstützungssystem zur Implementierung von Gender Mainstreaming als äußerst nützlich erwiesen. Allerdings wurden damit unterschiedliche Erfahrungen gemacht.

Während das AMS die Struktur der Gleichbehandlungsbeauftragten und der Abteilung von „Frauen und Arbeitsmarktpolitik" erfolgreich und effizient für die strukturelle Umsetzung der Gleichstellungspolitik nutzen konnte, sind bei ver.di die Gender-Mainstreaming-Beauftragten zwar ein wichtige Ressource in der Sensibilisierung für das Gender-Thema, konnten strukturell aber bislang wenig bewegen. Die OÖGKK hat sich vom System der Gender-Mainstreaming-Beauftragten verabschiedet, weil diese ihre Rolle und Aufgaben nicht wirklich finden konnten und vor allen in Konkurrenz mit den BetriebsrätInnen gerieten. Anstelle der Beauftragten hat sich ein Gleichbehandlungsteam formiert, das mit Führungskräften und VertreterInnen aller Ebenen besetzt ist.

Aus all den genannten Gründen hat es sich als wichtig erwiesen, dass Richtlinien zur Definition der Rolle der jeweiligen Beauftragten erlassen wurden. In diesen wird zum Beispiel im AMS formuliert, dass die Verantwortung für die Umsetzung von Gleichstellung bei den Führungskräften und nicht bei Beauftragten liegt. Weiters definiert ist die klare Kompetenztrennung von Gleichbehandlungsbeauftragten, Kontaktfrauen und dem

Betriebsrat. Im AMS gibt es darüber hinaus eine eigene Ausbildung für Gleichbehandlungsbeauftragte.

Als weiteres Erfolgskriterium hat sich sowohl im AMS als auch in der OÖGKK die fortweilende Einbindung der Gender-Mainstreaming- bzw. Gleichbehandlungsbeauftragten in das operative Tagesgeschäft erwiesen, d.h. keine 100% Planstellenanteile für die Beauftragten, damit Gender Mainstreaming in unterschiedliche Bereiche einfließen kann. Bestätigt wird dies durch die Erfahrungen bei ver.di, wo die Beauftragten dem Tagesgeschäft und den Entscheidungsforen etwas ferner sind.

Beziehungsarbeit und der Aufbau von Netzwerken auf allen Ebenen sowie die enge Zusammenarbeit mit dem Management wird als eines der wichtigsten Erfolgsmerkmale für die Implementierung von Gender Mainstreaming gesehen. Wie bereits angeführt, hat sich diese Vorgangsweise im AMS sehr bewährt. Für das Gleichbehandlungsteam der OÖGKK gilt dies ebenso.

5.5 Präzise IST-Analysen und quantifizierbare Zielvereinbarungen

Präzise IST-Analysen und quantifizierbare Zielvereinbarungen sind die Basis für eine nachhaltige Umsetzung von Gender Mainstreaming.

Im Vergleich der Organisationen hat sich gezeigt, dass die Umsetzung von Gender Mainstreaming dort erfolgreich ist, wo in einer präzisen IST-Analyse der Handlungsbedarf zur Gleichstellung erhoben wurde und auf Basis von Datenanalysen Gleichstellungsziele mit Kennzahlen formuliert wurden.

Weiteres wichtiges Moment zum Erfolg ist die Aushandlung von quantifizierbaren Zielvereinbarungen im Unternehmen.

Die Definition von Gleichstellungszielen auf Basis einer datenspezifischen IST-Analyse hat sich sowohl im AMS als auch in der OÖGKK als Grundlage für den Erfolg erwiesen. Auch bei ver.di werden für Weiterbildungsveranstaltungen zum Thema

Gender Ziele formuliert; im gesamtorganisatorischen Kontext zur strukturellen Verankerung des Themas konnten wir im Rahmen der Recherchen für die Studie keine Zielvereinbarungen mit Kennzahlen identifizieren.

5.6 Controlling und Ergebnissicherung

Controlling und Ergebnissicherung sind notwendig, um ein verbindliches Engagement zur Umsetzung der gesetzten Ziele zu erreichen.

Die Erfahrungen zeigen, dass dort, wo Gleichstellungsziele formuliert und vereinbart wurden, die Zielerreichung aber nicht in einem kontinuierlichen Monitoring überprüft wird, die Umsetzung im Sand verläuft oder immer wieder aufgeschoben wird.

Die in der Studie beforschten Organisationen zeigen dies sehr anschaulich: Das AMS und die OÖGKK überprüfen mittels regelmäßiger MitarbeiterInnenbefragungen und Equality-Checks bzw. durch Monitoring die Fortschritte der Implementierung von Gender Mainstreaming und die Erreichung der Ziele. Damit wurde die Zielerreichung zum Bestandteil der Geschäftsprozesse, die bei Nichterreichung nachjustiert werden. Obwohl es in diesen Organisationen keine Sanktionen bei Nichterreichung gibt, ist das Sichtbarmachen in der Organisation und die Vergleichssituation, in denen sich Führungskräfte damit befinden, Anlass genug, um an der Zielerreichung zu arbeiten.

5.7 Kommunikation der Monitoringergebnisse

Die regelmäßige Kommunikation der Monitoringergebnisse und Zielerreichungen sind notwendig, um Nutzen und Erfolg von Gender Mainstreaming sichtbar zu machen.

Eng verbunden mit der Überprüfung der Zielerreichung von Gleichstellung ist die transparente Kommunikation der Monitoringergebnisse und der Erfolge bzw. Misserfolge an alle MitarbeiterInnen.

Allen voran ist es das AMS, dass auch kleine Schritte transparent macht und den Nutzen für die Organisation kommuniziert: z.b. das transparente Verfahren bei Bewerbungen. Das AMS veröffentlicht auch Daten aus dem Equality-Check und der MitarbeiterInnenbefragung und trägt damit zur Fortsetzung des Diskurses über Geschlechterverhältnisse bei. Auch in der OÖGKK werden Monitoringdaten intern veröffentlicht.

5.8 Personalmanagement und Personalentwicklung

Personalmanagement und Personalentwicklung sind zwei Schlüsselbereiche von Gender Mainstreaming.

Den Bereichen Personalmanagement und Personalentwicklung kommt im Implementierungsprozess von Gender Mainstreaming eine Schlüsselrolle zu. Im AMS ist es zum einen gelungen, ausgehend von Gleichstellungszielen, den weiblichen Führungskräfteanteil zu heben, flexible Arbeitszeiten und transparente Bewerbungsverfahren einzuführen und den Wiedereinstieg für BerufsrückkehrerInnen zu erleichtern. Gleichzeitig hat man sich bemüht, Genderkompetenz in der Grundausbildung und in den Führungskräfteschulungen zu vermitteln. Damit wurden Führungskräfte auf allen Ebenen befähigt, den Gleichstellungsprozess im Unternehmen mitzutragen und das Controlling durchzuführen.

Personalpolitische Maßnahmen:
- Bewerbungen: Berücksichtigung von Gleichstellung bei der Bewerbung. Qualifikationen von BewerberInnen transparent und Anforderungsprofile diskriminierungsfrei gestalten
- Gender Mainstreaming-Beauftragte zu Bewerbungsgesprächen hinzuziehen
- Interne Aus- und Weiterbildung: Gender Mainstreaming

kann nur von der gesamten Organisation getragen werden, wenn jeder Mitarbeiter und jede Mitarbeiterin die Gender-Mainstreaming-Ziele kennt und vertritt.
- Gender Mainstreaming als Teil der Grundausbildung verankern
- Gender-Trainings zur Sensibilisierung der MitarbeiterInnen
- Erwünschtheit von Weiterbildung in der Organisationskultur verankern
- Arbeitszeit bzw. Karenz-Regelungen zur Vereinbarkeit von Beruf und Familie (Erkenntnisse z.B. auf Basis von MitarbeiterInnenbefragungen)
- Ermöglichung von Telearbeit
- Klare Regelungen für den Wiedereinstieg
- Ermöglichung von Teilzeitarbeit für Führungskräfte
- Förderung von Väterkarenz

Um gleichstellungsfördernde Maßnahmen zu ermöglichen, ist ein kooperatives und integratives Zusammenspiel der Bereiche Gender Mainstreaming und Personalpolitik sowie aller Führungskräfte auf allen Ebenen, wie sich dies sehr gut am Organisationsbeispiel AMS zeigt, notwendig.

Literaturverzeichnis

Bendl Regine: Gendermanagement und Gender- und Diversitätsmanagement – ein Vergleich der verschiedenen Ansätze. In: Bendl Regine, Edeltraud Hanappi-Egger, Roswitha Hofmann (Hg.): Interdisziplinäres Gender- und Diversitätsmanagement. Wien, 2004

Bendl Regine, Hanappi-Egger Edeltraud, Hofmann Roswitha: Spezielle Methoden der Organisationsstudien. In: Bendl Regine, Edeltraud Hanappi-Egger, Roswitha Hofmann (Hg.): Interdisziplinäres Gender- und Diversitätsmanagement. Wien, 2004

Bergmann Nadja, Irene Pimminger, GeM-Koordinationsstelle für Gender Mainstreaming im ESF: Praxis Handbuch für Gender Mainstreaming. Wien, 2004

Feigl Susanne: Gender Mainstreaming. Praxisbeispiel AMS. Horn, 2006

Friedrichs Jürgen: Methoden empirischer Sozialforschung. Wiesbaden, 1985

Hanappi-Egger Edeltraud: Einführung in die Organisationstheorien unter besonderer Berücksichtigung von Gender- und Diversitätsaspekten. In: Bendl Regine, Edeltraud Hanappi-Egger, Roswitha Hofmann (Hg.): Interdisziplinäres Gender- und Diversitätsmanagement. Wien, 2004

Hofmann Roswitha : Grundlagen der Gender- und Diversitätstheorien. In: Bendl Regine, Edeltraud Hanappi-Egger, Roswitha Hofmann (Hg.): Interdisziplinäres Gender- und Diversitätsmanagement. Wien, 2004

Isaacs William: Dialog als Kunst gemeinsam zu denken. Die neue Kommunikationskultur in Organisationen. Bergisch Gladbach, 2002

Kirschner Doris, Pschaid Priska: Gender Mainstreaming als Organisationsentwicklungsinstrument. In: Institut Primawera KEG (Hg): doppel:punkt. Zeitschrift für TrainerInnen, BeraterInnen und Führungskräfte. Graz, Heft 2/2005

Klett Joachim, Schulz-Müller Ilona in Zusammenarbeit mit Kassner Karsten: Gender Mainstreaming in der Praxis von ver.di. Bestandsaufnahme, Analyse, Erfahrungen, Einschätzungen, Perspektiven. Berlin, 2006

Lorber Judith: Gender-Paradoxien. Opladen, 2003
Sander Gundrun, Müller Catherine: Gleichstellungs-Controlling in Unternehmen und öffentlichen Verwaltungen. In: Paseo Ursula: Gender from costs to benefits. Wiesbaden, 2003
Stockhammer Hilde: Praxisbeispiel Arbeitsmarktservice Österreich: Gleichstellungscontrolling mittels Zielvereinbarungen. In: Krell, Getrude (Hg): Chancengleichheit durch Personalpolitik. Gleichstellung von Frauen und Männern in Unternehmen und Verwaltungen. Rechtliche Regelungen – Problemanalysen – Lösungen. Wiesbaden, 2004

Internet:
http://aufbau.verdi.de/ebenen (Zugriff 4. 2. 2010)
http://geschichte.verdi.de/vorlaeufer (Zugriff 4. 2. 2010)
http://international.verdi.de/ver.di_fremdsprachig/was_ist_ver.di_eine_einfuehrung (Zugriff 4. 2. 2010)
http://www.ams.at/ueber_ams.html (Zugriff am 4. 3. 2010)
http://www.ooegkk.at/portal27/portal/ooegkkportal/channel_content/cmsWindow?p_tabid=6&p_menuid=1199&action=2   (Zugriff am 4. 3. 2010)

Interne Quellen:
AMS Frauenförderplan 1998–2001
AMS Gleichstellungs- und Frauenförderplan 2002–2003
AMS Gleichstellungs- und Frauenförderplan 2008–2013
AMS interne Powerpointfolien: Gleichbehandlung im AMS, 2008
AMS Interner Bericht: Ergebnisse der MitarbeiterInnen-Befragung zum Gleichstellungs- und Frauenförderplan, Februar 2007
OÖGKK Chancengleichheitsplan 1997–2007
OÖGKK Chancengleichheitsplan 2008–2014
OÖGKK Bewerbung um den f-plus Frauenförderpreis für Unternehmen 2009
OÖGKK 10 Jahre Chancengleichheit – ein Rückblick, 2008
OÖGKK Betriebsvereinbarungen Teilzeit, 2007
OÖGKK MitarbeiterInnenzeitung, Juni 1996

Sekundärliteratur:
Becker Ruth, Kortendiek Beate (Hg): Handbuch Frauen- und Geschlechterforschung. Wiesbaden, 2010
Butler Judith: Das Unbehagen der Geschlechter. Frankfurt, 1992
Lewin Kurt, Weiss Lewin Gertrud, Frenzel Herbert Alfred: Die Lösung sozialer Konflikte. Bad Nauheim, 1953
MA 57 – Frauenabteilung der Stadt Wien (Hg.): Frau + Mann gleich fördern = Gewinnen! Gleichstellung als Erfolgsformel für Unternehmen. Wien, 2008
MA 57 – Frauenabteilung der Stadt Wien (Hg.): Leitfaden Gender Mainstreaming. Wien, 2001
MA 57 – Frauenabteilung der Stadt Wien (Hg.): 7 Schritte zur Gleichstellung. Wien, 2008

InterviewpartnerInnen:

Gruppeninterviews:
Mag. Hilde Stockhammer (Bundesgeschäftsstelle AMS – Leiterin der Abteilung Arbeitsmarktpolitik für Frauen), Januar 2010.
Dr. Britta Alder (Bundesgeschäftsstelle AMS – Abteilung für Organisationsentwicklung- und Personalausbildung), Januar 2010.
Neun Gleichbehandlungsbeauftragte des AMS, Februar 2010.

Einzelinterviews:
Mag. Mauerer Martina (Bundesgeschäftsstelle AMS), Februar 2010.
Mag. Jedlicka Peter (Landesgeschäftsstelle AMS), Februar 2010.
Fischer Maximilian (Leiter Regionalgeschäftsstelle AMS), Februar 2010.
Lindner Matthias (Bundesbeauftragter ver.di), Februar 2010.
Dr. Kiesewetter Elfriede (Abteilungsleiterin Gesundheitsförderung der OÖGKK), Februar 2010.

Anhang A: Interviewleitfaden

Grunddaten:
- Wann hat der GM-Implementierungsprozess in der Organisation/Unternehmen begonnen? Was war der Auslöser dafür?
- Was war/ist das Ziel dieses Prozesses?
- Welche gleichstellungspolitischen Ziele wurden formuliert?
- Welche Organisations-/Unternehmensbereiche, Funktionen und Zielgruppen waren/sind in den Prozess involviert?
- Wie wurde Gender Mainstreaming in der Organisation/im Unternehmen umgesetzt?
- Welche inhaltlichen Schwerpunkte wurden festgelegt?
- Welche Veränderungsschritte wurden in Bezug auf Organisations-/Unternehmenskultur, Struktur, Gremien interne & externe, Personalentwicklung gesetzt?
- Wo lagen Hemmnisse – was war förderlich in der Umsetzung?

Zur Prozesssicherung:
- Wie wird dieser Umstrukturierungsprozess gesichert?
- Welche Qualitätskontrollen gibt es?

Zur Auswirkung des Prozesses:
- Was hat sich verändert im Bezug auf die Organisations-/Unternehmenskultur, Organisations-/Unternehmensstruktur/en?
- Was hat sich verändert im Bezug auf die Gremien (interne & externe) und im Bereich Personalentwicklung?
- Wie und wo werden diese Veränderungen in der Organisation, bei den MitarbeiterInnen, bei den FunktionärInnen sichtbar?
- Welche Auswirkungen hatte der GM-Prozess auf Frauen, Männer?

- Welchen Nutzen haben Folgende aus diesem Prozess gezogen: Organisation/Unternehmen, FunktionärInnen, Mitglieder, KundInnen, MitarbeiterInnen?
- Wo steht der Prozess aktuell?
- Was ist noch offen?
- Welche Ziele gilt es noch zu erreichen?
- Was sollte aus heutiger Sicht bezüglich der Implementierung von Gender Mainstreaming wieder so gemacht werden – was sollte eher vermieden werden?

Die Autorin

Mag.[a] Doris Löffler, MBA, Jahrgang 1967, ist Politikwissenschafterin und Diplombetriebswirtin und langjährig tätig im Bereich Öffentlichkeitsarbeit, Politik- und Wirtschaftsberatung.
E-Mail: office@doris-loeffler.at

Ausbildung:
Studium der Politikwissenschaften an der Universität Wien, Fächerkombination Entwicklungspolitik, Frauenforschung, Kultur- und Sozialanthropologie. Universitätslehrgang Online-Editor am Zentrum für Publishing und Media Management an der Donauuniversität Krems. Abschluss zum Master of Business Administration und zur Diplombetriebswirtin an der Sales Management Akademie Wien.

Arbeitsschwerpunkte:
- Wirtschaftliche Beratung von AufsichtsrätInnen
- Interessensvertretung (insbesondere Zusammenarbeit Gewerkschaften und NGOs)
- Kampagnenbetreuung
- Projektmanagement
- Organisationsentwicklung, Gender- und Diversitymanagement
- Sozialpolitik (insbesondere gesellschaftliche Verteilung von Arbeit)
- Feministische Theorien, Queer-Theorien und Gender Mainstreaming
- „Postmoderne" Familienverhältnisse
- Zukunft der Arbeit